读　书

The Secret of Reading

的　秘　密

高鸿鹏 著

团结出版社

图书在版编目（CIP）数据

读书的秘密 / 高鸿鹏著 . 一北京：团结出版社，2022.8
ISBN 978-7-5126-9521-4

Ⅰ.①读… Ⅱ.①高… Ⅲ.①读书方法 Ⅳ.①G792

中国版本图书馆 CIP 数据核字 (2022) 第 143628 号

出　版：团结出版社
　　　　（北京市东城区东皇城根南街 84 号　邮编：100006）
电　话：（010）65228880　65244790
　　　　（010）65238766　85113874　65133603（发行部）
　　　　（010）65133603（邮购）
网　址：http://www.tjpress.com
E-mail：zb65244790@vip.163.com
　　　　tjcbsfxb@163.com（发行部邮购）
经　销：全国新华书店
印　装：天津盛辉印刷有限公司

开　本：145mm×210mm　32 开
印　张：9.5
字　数：156 千字
版　次：2022 年 8 月　第 1 版
印　次：2022 年 8 月　第 1 次印刷

书　号：978-7-5126-9521-4
定　价：56.00 元
　　　　（版权所属，盗版必究）

原全国人大常委会副委员长、民建中央主席
成思危（左）勉励高鸿鹏办好企业、服务社会

《世界秩序》作者基辛格博士（右）与高鸿鹏

达沃斯世界经济论坛创始人施瓦布教授(右)与高鸿鹏

北京大学光华管理学院副院长武常岐教授(左)给高鸿鹏颁发硕士学位证书

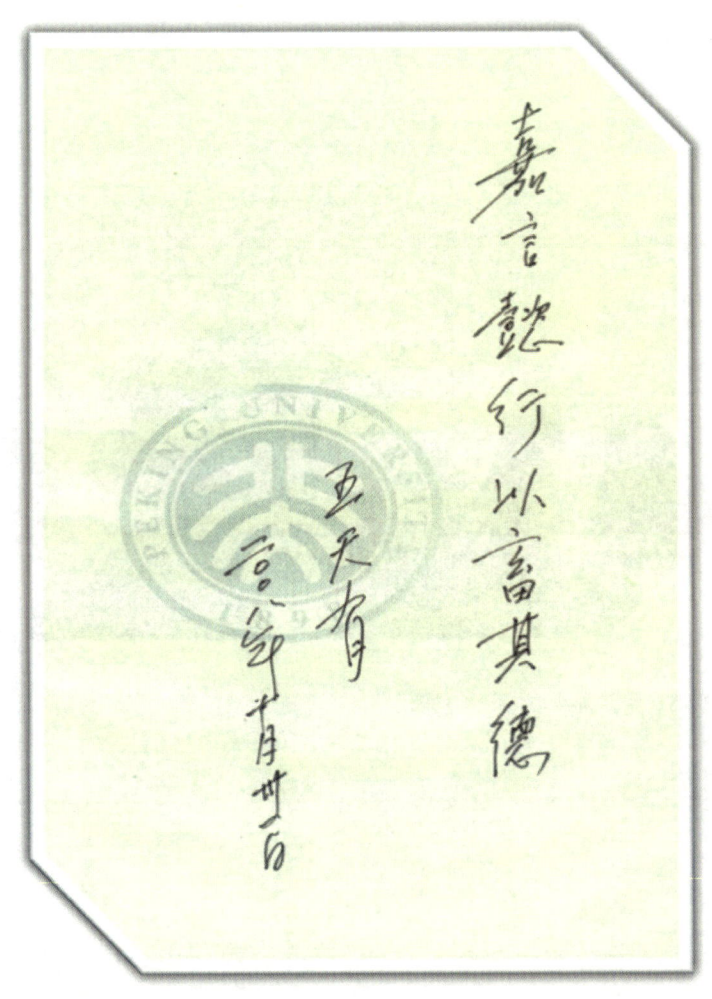

原北京大学历史学系王天有教授勉励高鸿鹏

高鸿鹏在常识讲座举例解释"概念"

序 言

读书其实没有秘密

朱永新

高鸿鹏先生的新书《读书的秘密》就要出版了,作为老相识,很高兴利用写序的机会,谈谈我对于其人其书的一些感性认识。

认识高鸿鹏,是由于他做的一件善事。在 2010 年左右,他出资资助了一个摄影的公益活动。摄影师恰好与我很熟,一次聚会时把他介绍给我。

此后,我们联系并不多,但我知道高鸿鹏也是一个酷爱读书的人,并从各个途径了解到他的一些消息。知道他到北京师范大学攻读了艺术学博士，在哈佛大学就"可持续的中国城市发展"发表演讲，作为民主党派的成员，这几年他还先后获得了民建中央颁发的"脱贫攻坚突出贡献奖"和"全国优秀会员"等称号。

2019年，高鸿鹏发起了"同读书院"，通过公益的"同读一本书"活动，为那些在现实生活中失去人生方向、没有前进动力、找不到自己社会位置的人提供走出困境的框架、概念和方法。同时，为那些有志于创业，希望提高管理绩效的企业界人士提供情境式的模拟研讨。我从新浪微博上看到，2019年6月，他们成功举办了超过3000人的、4周同读《曾国藩传》的线上读书活动。迄今为止，"同读一本书"已有3万多人受益。

这本《读书的秘密》，是高鸿鹏多年来自己读书、带领大家读书的经验总结。

在读书内容上，他主张读书应该有三个优先：优先阅读杰出人物的著作与传记，优先阅读常识，优先阅读学习通用的知识技能。

在读书方法上，他提出先看书评后看书，从生活中举例来验证，联系自己经历的事写总结，写书评和推荐语，同题双读，翻译成外语或改写成文言文，或者编成顺口溜，学以致用。一句话，读书要与社交、旅行、做事结合起来等。

我相信，这些内容和方法，也是大多数读书人共同的心得。对于那些初读者来说，这是很有参考价值的。

关于读书有没有秘密的问题，我与他有些不同的看法。他说，一个人如果长期读书并学以致用，用自己亲身的经历获得的隐性知识，就是秘密。这些秘密让人与人大不相同。这些秘密能让你理解自己，理解他人与理解时代环境。有了这些秘密，你才能发挥优势，找准自己的位置，顺应时势，抓住机遇，实现目标，活出精彩。

其实，这并不是秘密，这仍然是读书方法，它与1000多年前朱子读书法的"切己体察"如出一辙。朱熹说，"读书不可只专就纸上求义理，须反来就自家身上推究"，说的就是，读书不能只领会书中的意思，更要结合自身的经历进行反思。

对于我们每个人来说，这个世界的确拥有很多秘密。很多书籍里也的确蕴藏着我们未知的知识与智慧，但是，读书本身是没有秘密的。祝愿我们都能够通过阅读，知晓更多的未知，让我们的灵魂走得更远。

  2022 年 5 月 26 日，写于北京滴石斋

前　言

我把人类文明概括为四个字，即"理解表达"。《读书的秘密》这本书是我对世界的理解表达。从最初举办"同读一本书"到发起"同读书院"，我帮助别人的同时，也从别人处看到自己看不到的，这启发我去发现新问题，思考学习新知识。

我有这样一个观点：贯通人类文明，进化自我本能。它的意思是说人类文明是超级水库，个人是一个小水桶，要尽早接通人类文明的超级水库。我认为读书就是个人接通人类文明的渠道。

读书有没有秘密？我想是有的。一个人如果长期读书并学以致用，通过亲身的经历获得的隐性知识，就是秘密。这些秘密让人与人大不相同。这些秘密能让你理解自己、理解他人、理解时代环境。有了这些秘密，你才能发挥优势，找准自己的位置，顺应时势，抓住机遇，实现目标，活出精彩。

读书能够训练自主学习的能力。我认为读书应该有三个优先，分别是优先阅读杰出人物的著作与传记，优先阅读常识，优先阅读通用的知识技能。

同时，我也经常提醒热爱读书的朋友，不能只读书，读书要与社交、旅行、做事结合起来。读书知道的各种人物，要在社交中验证并获得隐性知识；读书了解的世界各国，可以自由想象，但要有旅行落地；读书学习的知识技能，要在做事中历练，以达到真正掌握的目的。

写这本小书，就好像我们在面对面聊天，我们将围绕"问、选、慢、懂、记、改、悟"七字，对话讨论读书。

希望《读书的秘密》对读者理解读书道理、掌握读书方法有启发帮助。希望各位读者，能将读书获得的秘密，用在家庭中以塑造子女未来；用在工作中以增加收入，扩大影响；用在社会中以帮助更多人进步。

目录

第一章　读书从提问开始　1
一、要不要读书？　2
二、不读书行不行？　6
三、读什么书？　11
四、读书是向杰出人物学习　15
五、为何有人认为读书没用？　20
六、读书要学以致用　24
七、我的读书故事　28

第二章　选书的一个原则　43
一、读书最怕什么？　44
二、选书，就是选人　48
三、选书的经验　53
四、读著作与传记　58

五、从李嘉诚读懂商业　　　　62

　　六、读书决定你的视野　　　　68

　　七、推荐 30 本书　　　　　　73

第三章　读书的慢就是快　　　77

　　一、读书不怕慢　　　　　　　77

　　二、快慢是由基础决定　　　　81

　　三、体验读书的节奏　　　　　86

　　四、慢就是快　　　　　　　　91

　　五、慢的原因是书有难易　　　95

　　六、看森林？看树木？　　　　99

　　七、反复读：慢工出细活　　　104

第四章　一本书懂一句话　　　109

　　一、空杯　　　　　　　　　　109

　　二、读不懂的主要原因　　　　114

　　三、经历少就读不懂　　　　　119

　　四、独自读书难　　　　　　　124

　　五、家传　　　　　　　　　　131

　　六、师承　　　　　　　　　　136

　　七、年龄太小，经历太少　　　141

八、读懂《道德经》与邓小平　　146

第五章　记不住就反复用　　**151**

　　一、记不住是大问题　　152

　　二、记忆的常识　　157

　　三、反向思考　　161

　　四、学以致改一句话　　166

　　五、反复阅读　　171

　　六、反复思考　　177

　　七、反复应用　　182

第六章　读书的学以致改　　**189**

　　一、知道不等于做到　　190

　　二、改正　　195

　　三、改进　　200

　　四、第一台阶　　205

　　五、自律　　212

　　六、习惯　　219

　　七、练+用　　224

第七章　悟是系统的理解　　**231**

　　一、融会贯通　　232

二、格局　　　　　　　237

三、本质　　　　　　　243

四、规律　　　　　　　249

五、理解　　　　　　　255

六、表达　　　　　　　261

七、觉悟　　　　　　　268

附1：七个易学好用的读书方法　　275

附2：读书的七个秘密　　279

后　记　　　　　　　　283

第一章　读书从提问开始

这个世界的问题是，笨蛋都很有自信，而聪明的人却充满疑问。

——伯特兰·拉塞尔

这是读书七讲的第一部分，原来的题目为"问"。

"问"，是指由疑惑而引发的求知。从是什么、为什么、怎么做三个方面，追根究底事物的本质。"问"在这里是求解，即我们为什么要读书。

提问是提出问题。问题是目标与实际之间的差距。

爱因斯坦与费尔德在《物理学的进化》中提到："提出一个问题往往比解决一个问题更为重要，因为解决一个问题也许是一个数学上或实验上的技巧问题。而提出新的问题、新的可能性，从新的角度看旧问题，却需要创造性的想象力,而且标志着科学的真正进步。"

一、要不要读书?

(一)不读书的同事与青年

2017 年夏天的一个下午,在我办公室。

同事和我谈完工作,因为他和我比较熟悉,就说出自己最近的痛苦和压力,其中有一句话是"突然之间领悟到……"

我笑着告诉他:"这个道理你应该十年前就领悟到。"同事有些困惑,我接着说:"如果你读书,十年前就能领悟。"

换句话说,因为他不读书,于是错过了一个本该领悟重要道理的机会,失去十年时间。

在过去的三年多,因为读书,我遇到很多喜欢读书的朋友,也因为读书,我发起"同读一本书"的活动。累计来看,我在线上与超过 30000 人一起读过书,同读一本书的经历让我理解大多数人读书遇到的问题。

2018 年的秋天,我在北京参加一场活动,休息期间有一位青年向我提问,大概意思是自己毕业后在社会上闯荡了几年，有很多疑难困惑找不到答案，自己不知道如何解决这个问题。我想多了解他的情况，就问他："你平时读哪些书？"他愣了一下，反问我："读书？读什么书？"我继续笑着问他："怎么？你很少读书吗？"他开心地笑起来，露出洁白的牙齿，对我说："读书没什么用。"这时，旁边有人接着他的话说："对啊，读书没啥用。我早就不读了。"

当今社会上，有读书习惯的是少数人。很多人毕业后就不再读书。之前在学校读书（主要是教材）只是为了考试。现在脱离了学校这个环境，没有了考试的束缚，于是就此放弃主动读书。

如果你和他们说，你可以读书。他们会一脸茫然，因为他们真的不知道自己为何要读书。他们的内心可能有各种各样的想法：我读书？你和我开玩笑，嘲笑我？很少有人会认真地想一想，自己是不是真的应该读书。

这些人几乎没有想过，读书可以帮助他们理解世界，解决问题，过得更好。所以他们当然不知道要不要读书，更不知道具体怎么读书。

为什么他们听不懂？主要是他们自己不知道读书的必

要性和重要性。

你不知道要读书？

请带着问题，接下来，我们继续分析。

（二）两种含义

在中国，"读书"一般有两种含义。

第一种含义是指上学，人们习惯把让孩子到学校上学称为"读书"。不管是读小学、中学还是大学，有人问，你的孩子干什么去了？家长都会回答，孩子读书去了。

第二种含义，是指阅读由他人已经预备好的符号文字，包括纸质书和电子书。因为纸质书的历史悠久，大家更习惯读纸质书，对纸质书更有感情。

本书主要聚焦图书的第二种含义。

（三）观点

为何读书，究竟要不要读书，社会上的不同人群有不同的观点。

有人认为读书没有用，因为很多人读了好多书以后，并没有实现自己的人生梦想，没有获得所谓的成功。

这类观点直接否定了读书的价值意义，之所以有人相信这种观点，主要是因为他们觉得自己读书没有收获想要的结果，周围也没有人因为读书而活出精彩，成为他们的榜样，成为推动他们读书的力量。

另外一类观点是说读书非常重要，把读书看作一个人最基本的自我修养，强调读书能"修身，齐家，治国，平天下"。他们坚信，读书是每个人最重要的、不得不做的人生修炼。

这些强调"万般皆下品，唯有读书高"的观点，具有一定代表性，特别是在中国古代。为什么古人强调读书的重要性呢？因为读书人可能"朝为田舍郎，暮登天子堂"，之前还是在地里劳动的种田人，之后就可能成为天子朝堂上的大臣。

在中国古代，学而优则仕。如果你是读书人，书读得好就意味着你有机会通过科举考试，有机会当官。在崇拜权力的社会，读书人作为后备的官员当然受到大家的尊敬。周围人都知道，虽然你今天是普通人，但未来一旦科举通过，你就是官员，社会地位以及荣华富贵都有了，自然受到大家的重视。

除了以上两类关于读书的观点外，当然还有其他的观点。有人说自己是闲得无聊，读书消磨时光；也有人说自己爱读书是因为读书能给自己带来快乐，如读穿越小说、武侠小说和惊悚悬疑小说。

总的来说，读书无用论和读书有用论，是两种最具代表性的观点。

如果不知道要读书，怎么办？这个问题很简单，你去了解古今中外的杰出人物是不是读书，同时观察当今社会上的赢家是不是读书，自然就会有答案。

二、不读书行不行？

（一）何为书

书是人类文明的物质载体之一。作者通过将信息编码，使思想成为文字记载于书。

书是作者认知的精华。可以这样理解书：有字书是作者将认知的精华编码成文字，记载成书；无字书是日月星辰，是山川河流，是人情世故，是宇宙万物。

先说有字书。最常见的有字书，一类是印刷、装订成册后正式出版的纸质书；另一类范围较广泛，主要由各种视听与语言符号构成，包括图画、声音、视频等。

再说无字书。宇宙万物就是无字书，非语言符号也包含海量信息。例如,春夏秋冬、昼夜交替、生老病死等,传递给我们规律、秩序、变化等信息。

(二)读书是主动学习

一个人要传承人类文明,就要学习,读书是学习的一种,是主动学习。

一个人要生存,就要学习,任何人这一生都是要么主动学习,要么被动学习。

一个人活着,必须做判断、选择、排序,懂得多才有可能活得好。如果你懂得少,就很难对人生众多的事情做判断、选择、排序。

如果你懂得比别人多,那你就有可能比别人活得好。因为只有你懂得事物,才能够理解并正确选择事物。如果你不懂,意味着你没有办法理解,那你就没有办法做出选择。而人的一生,是无数个选择的叠加。

事实上,所有人的一生都是在学习,区别在于你是主动学习还是被动学习。要么你主动学习理解生活,要么等待生活逼迫你被动学习,没有其他的选择。

每个人来到这个世界,从学会说话、学会走路,到学会各种生活技能,都无法拒绝学习。时至今日,知识技能还不能遗传，或者购买后直接安装，它需要反复练习。

准确地理解世界是所有人共同的重要使命。好消息是，人一生要经历的很多事情，已经有其他人在其他时间、地点经历过了。读书获得他人的知识经验，是理解世界的另一类视角。虽然自己没有办法亲身经历所有重要的事情，但是可以通过读书，向经历过的人学习，通过间接方式获得知识经验。

书是人类共有的数据库，读书间接学习其他人有价值的经历，可以帮助我们理解世界，提前准备人生要经历的重要事情，提早做出基本的判断、选择和排序。

现代人的生活，如同工厂生产线上的流水作业，各种问题接连不断地冲过来，一些人只能被动地适应，这种被动适应也是学习。

社会赢家的做法是主动学习，借助好的教育成为社会上15%中的10%。什么是社会上15%中的10%？据第七次全国人口普查公报显示，中国接受过大学（指大专以上）教育的人，是14亿人口中的15%，大约21000万人。如果你要成为社会上15%中的一员，那你就得努力学习，考上大学。如果你想成为这 15% 中的 10%，那你需要更努力地学习。

当然，有人说我要成为这 15% 中的 5%，甚至想要成为这 15% 中的 1%。

那需要怎样的刻苦努力？

你想想。

（三）懂得多，活得好

本杰明·富兰克林小时候家里穷，于是他一边当学徒打工，一边刻苦学习，白天工作，晚上读书，自学外语。后来，富兰克林成为在全世界范围内都有影响力的杰出人物。我们可以把富兰克林作为读书学习的楷模。

好的教育可以让你有更多的选择。关于读不读大学，龙应台女士给儿子安德烈的意见是，如果读了大学，可以有更多的选择[1]。我曾经将每个人的学习比作骑自行车，如果你不用力，自行车就可能倒下。

一个人从生存到生活，是生命状态的改变，这就是我们常说的"每个人的活法不一样"。主动学习，特别是

---

[1] 龙应台：《亲爱的安德烈》，广西师范大学出版社 2013 年版。

读书明事理，目的是要见多识广。人生遇到的各种事情，能不能理解，能不能想到好的解决办法必然影响事情的结果。

有人读书有两个不知道，一是读书多年不知道读书的重要性（学习杰出人物的世界观与方法论）；二是不知道读书拥有无法替代的独特价值（唯有书能穿越时空，连接过去和现在，缩短与杰出人物的时空距离）。

被动读书是：你不从书上读，但你要从生活中读。这里说的从生活中读，就是生活迫使你读。

读书可以打通两个世界，一个是书上的、你可以获得间接经历的世界，一个是你亲身经历的世界。

现实生活中，有人只活在书上的世界，有人只活在生活的世界。但我们应该打通两个世界。回顾历史，一些只活在书上世界的人，一生是崎岖坎坷的；一些只活在现实生活世界的人，一生是碌碌无为且平庸的。而同时生活在书上世界和生活世界的人，通常都是在社会各个领域取得成就的杰出人物。

懂得多，活得好。人的一生在不停地做选择，人生成就一方面取决于做选择的能力。这就要求一个人必须懂得多。过去不读书的人，今后要开始读书，从书上看到自己没有见过的人物，没有去过的城市，没有经历过的事情，从书上学到人生必须掌握的知识技能。

普林斯顿大学前校长约翰希本博士曾经说：教育，即为解决生活问题的能力。

请允许我把这句话改为：读书，即为解决生活问题的能力。

三、读什么书？

（一）如何做出判断

所有人这一生，每一天都要做选择。做选择之前要做出判断，什么是你做出判断的依据？

做出判断的依据不外乎两种。一种是你自己亲身经历的经验，例如，一个人被开水烫过，当他再看到开水，他就知道小心。"被烫过"是他做出判断的依据。

另外一种是间接得到的经验，是别人的经验被你学习后，成为了你做出判断的依据。例如，你的同学告诉你，喝醉酒会非常难受，你自己虽然没有喝醉过，但从同学那里间接知道，有了判断喝醉酒是否痛苦的依据，你就可以不喝醉来避免醉酒的痛苦。

"喝醉酒的痛苦"是你从别人那里知道的，是间接的经验。同时，还有从书上阅读获得的间接经验。例如，我们不可能亲眼目睹的历史事件，只能从历史文献记载上间接了解。

有了书，读者就能和作者建立联系，从作者那里获得间接的经验。

直接经验与间接经验都非常重要，同样具有实用价值。你的生活、工作都要用到，小到喝果汁还是喝可乐，大到选择什么专业，和谁结婚，做出判断都需要这两种经验作为依据。

（二）经验从哪里来

你不可能亲身经历所有的事情，因此读书学习是一种获取经验的有效方式，特别是读杰出人物的著作与传记。

如果把人生看作一场开卷考试，一个人如何才能考出好成绩？世界观与方法论是决定性的。人在社会中生活，世界观与方法论是不能缺失的，我将其称为"常识"。你怎么理解自己，理解他人，理解时代环境？你怎么基于这些理解完成各种表达？这是每个人必须掌握的，如果没有掌握，就可能走入人生困境。

如何学习世界观与方法论，或者说如何获得可信的"常识"？除了自己亲身经历、总结提炼以外，阅读杰出人物的著作与传记是一种有效的途径。

一个人在正式退休之前的生活，好比是一场长达几十年的开卷考试，如果自己不知道可信有效的答案，那一定要知道从哪里可以找到可信有效的答案。

古今中外，一些人因为出众的智慧与对人类卓越的贡献成为全人类公认的杰出人物，他们是可信的、有效的答案来源。

全人类公认的杰出人物，就是人生开卷考试的赢家啊！你我面对人生的开卷考试，应该想尽办法从他们那里找到答案（至少是参考答案），借此指导我们考出好的成绩。

从杰出人物那里找答案，主要是学习他们的世界观与方法论，基本的方法是读杰出人物的著作与传记。

杰出人物的著作是他们思想的记录，传记是他们的社会实践的案例，把这两者结合起来，向他们学什么、怎么学，就非常清楚了。

因为一个人的经历有限，面对人生开卷考试，对考题的理解，对答案的选择，我们往往束手无策，因此我们完全可以从社会赢家那里寻找成功的经验。

我们要理解自己的知识能力有限，同时要理解，因为所处的环境，周围人和自己一样，面对人生开卷考试一头雾水，没办法指导帮助你。唯有读书可以穿越时空，不论是古代的杰出人物，还是当代在地球另一边的杰出人物，只要有他们的著作，有他们的传记，都可以拿来阅读学习，获得解决方案。突破自己的经历与所处环境的局限，找到人生开卷考试可信有效的答案。

如果你能获得古今中外最有智慧的人的指导，那你就拥有竞争的优势。例如，彼得·德鲁克教你管理，孙子教你竞争，沃伦·巴菲特教你股票投资，史蒂夫·乔布斯教你商业创新……

英国作家塞缪尔·斯迈尔斯说："书籍能引导我们进入高尚的社会，并结识各个时代最伟大的人物。"学习并应用古今中外杰出人物的世界观与方法论，用书穿越时空与杰出人物建立连接，请他们成为你的良师益友。

四、读书是向杰出人物学习

（一）学习的过程

一个人应该如何度过一生？

一个人如何获得成功？

答案是学习，向杰出人物学习。

通过读书向杰出人物学习，是一个人的精神根本、力量之源、人生基石、奋斗起点。

我们可以把学习分解为观察理解、模仿练习与改正改进。

首先是观察理解，包括观察自然环境和人。举个例子，第一次见一个人的时候，眼睛看到的是他的容貌、表情和身体语言，耳朵听到的是他的说话，观察他言谈举止的时候，也在理解他言谈举止背后的逻辑，这是学习的第一个过程。

其次是模仿练习，对某个人的行为，如果你认同喜欢，你就会照着做。当你认为一个人的行为正确并做得好，其行为背后的道理是对的，逻辑也是通的，你就会去模仿，照着他的行为做。举个例子，很多人学习书法的时候会描红,通过这种方式,慢慢熟悉书写技巧。很多人学习舞蹈的时候,观察教练的舞蹈动作并模仿,然后慢慢练习掌握,这是学习的第二个过程。

最后是改正改进。观察模仿的过程中,懂得了其中的道理,再通过自己的练习,就能发现其中的问题,然后找到改正问题和改进提高的方法,以提高质量和效率,这是学习的第三个过程。

学习的观察理解、模仿练习、改正改进三个过程是连续的。学习简单事物的时候,它是一个连贯完成的整体。如果我们学习复杂的、难度大的事物时,就要分解观察理解、模仿练习、改正改进三个过程。因为初学者难以连续地把它一次性完成,因此需要一段时间观察理解,再有一段时间模仿练习,然后改正改进,分解后的学习过程,每个阶段的特征非常明显。

(二)如何通过读书向杰出人物学习

阅读杰出人物的著作与传记,研究他们如何想、如何做。

例如:

研究他们的作息,

研究他们的求学，

研究他们的择业，

研究他们的社交，

研究他们的财富，

研究他们的幸福，

研究他们的成败，

研究他们的健康……

这些问题，他们会遇到，我们也会遇到。

如果你知道他们如何认识（理解），如何处理（表达），你就知道自己应该如何理解表达。

杰出人物是智者。智者是强者。通过读书向杰出人物学习，就是寻找智者，与智者同行。

你对世界的理解与解决问题的方法从何而来？是自己思考总结出来的？如果你研究古今中外杰出人物对世界的理解与解决问题的方法，你会怎么样？会不会比现在厉害十倍？

曾国藩是晚清时期的政治家、战略家，湘军的创立者和统帅。他出生在普通农民家庭，自幼勤奋好学，道光十八年（1838年）中进士，入翰林院。太平天国时期，曾国藩组建湘军，力挽狂澜，经过多年鏖战后打败太平军。曾国藩对清朝的政治、军事、文化、经济等方面都产生了深远的影响。

中国学习曾国藩的人非常多，用读书这种方式，任何人都可以以曾国藩为师友。

为了向曾国藩学习，我反复读过《曾国藩年谱》《曾国藩传》和《曾文正公全集》。

《曾国藩年谱》[1]是曾国藩一生的记录，相当于最全面、详细的曾国藩简历，读这本书可以了解曾国藩一生的经历。

《曾国藩传》[2]通俗易懂，读者可以从故事中领悟曾国藩如何立志"三不朽"，如何面对挫折，如何创建湘军，如何处世。

《曾文正公全集》[3]汇辑曾国藩的奏稿、十八家诗钞、经史百家杂钞、经史百家简编、鸣原堂论文、诗集、文集、书札、批牍、杂著、求阙斋读书录、求阙斋日记类钞、年

---

[1] 黎庶昌等编撰：《曾国藩年谱》，岳麓书社2017年版。
[2] 张宏杰：《曾国藩传》，民主与建设出版社2019年版。
[3] 李瀚章等：《曾文正公全集》，中国书店出版社2011年版。

谱、传记、墓志铭等，全面反映曾国藩修身、齐家、治国、平天下的思想和实践。读这套书，可以了解曾国藩的世界观与方法论。

当然，你在熟读《曾国藩年谱》和《曾文正公全集》的基础上，可以扩大阅读范围，多看一些曾国藩的传记、研究著作和影视资料。

了解曾国藩，《曾国藩年谱》和《曾文正公全集》是基础，要多读。

如果你对一个人的生平了如指掌，对他的思想、世界观与方法论烂熟于心，他是不是你的良师益友？

再想想，你的想法和做事风格，世界观与方法论，会不会受到他的影响？

杰出人物的思想和社会实践能激发你的志向，启发你认真思考这一生要做一个什么样的人。

例如，当你读书时，你会知道左宗棠年轻的时候用笔写下自己的志向："身无半文，心忧天下。手释万卷，神交古人。"[①] 他穷困潦倒，却胸怀天下，通过读书与古人建立

[①] 左宗棠曾就读于长沙城南书院写此对联以自励。

连接，以古人为师友。

以书为师，是以杰出人物为师。名师出高徒。

杰出人物在图书馆的书架上，在你的书桌上，在你的头脑里。

过去，现在，未来——读书，学习杰出人物总结出的世界观与方法论，与智者同行。

五、为何有人认为读书没用？

我观察过成千上万人读书，最后理解了为什么有人认为读书没用。

接下来我来解释，为什么有人认为读书没用。

（一）说读书没用，第一个原因是基础差

可以把基础差理解为中文阅读不好，逻辑不好，通用知识掌握得不好。

如果一个人在这三方面都不好，那他就是基础差。

一个人读书的时候，如果在一句话里面有两三个名词术语不知道，一页书上有一二十个名词术语不知道，又不去查询资料搞明白，就无法理解这一页书，如此，这本书他是读不懂的。

逻辑不好，就难以发现自己想法的错误，无法自我纠正，这是一个严重的问题。

通用的知识也是非常重要的。通用的知识不好，可以理解为通识太少或者说数据库太小。本来大家都应该知道的，他却不知道，这就会影响他理解图书。例如，看到李世民，熟悉历史的人会联想到李渊，魏征，房玄龄，玄武门之变，鲜卑族，太原起兵和贞观之治等，但通识太少或数据库太小的人甚至都不知道李世民是谁。

（二）说读书没用，第二个原因是不自律

看到这里，可能有人感觉奇怪，读书与自律有啥关系？

自律是理性的自我约束。

一个人如果不自律，那他就很难认真仔细地读完一本书，更别说反复阅读，读懂一本书，再立即行动去应用书上的道理方法。

这一类人，最羡慕那些读书能学以致用、拿到结果的人。其实，他们不知道，学以致用并拿到结果的人，读书时能做到抄写、背诵、反复应用验证、不断改正改进，这些人不是比他们天赋好多少，或者运气好多少，而是比他们自律。

一个人的自律能力不行，或者说自我管理能力差，就走不出舒适圈。贪婪和懒惰是动物本能。人总是追求更多的能量，而消耗更少的能量。看看周围有多少人，他们吃很多的美味食物，然后躺在那里一动不动。吃更多的美味食物是追求更多的能量，躺在那里是消耗更少的能量，这都是动物本能。

一个人如果不自律，他就会忽略可做可不做的事情，做事习惯拖延，也不能坚持。这是说读书没用的第二个原因——不自律。

（三）说读书没用，第三个原因是经历少

经历少的人，因为没有亲自经历过一些事情，就无法理解这些事情的复杂精妙以及关键所在。

没去过一些城市，没有相识、相处过一些人，没有做过一些事情，没有获得过一些重要信息，在读书的时候就不能深刻理解与领悟细微之处。

如果你喜欢打篮球，在投篮的那一瞬间，在哪个位置、哪个角度、哪个时机更容易中？把篮球投出去那一瞬间，是一个度的把握，一定要有很多次经历，你才能形成那样的判断。

同样，喜欢钓鱼的朋友都知道，鱼漂动了，要提鱼竿的那一瞬间，是一种什么样的感觉。早一点、晚一点、轻一点、重一点，可能结果都不一样。从感觉到鱼漂动，到提竿的一瞬间，也是一个度的把握，同样需要大量的经历，才能够实现那一瞬间的判断。

如果经历少，读书理解就有困难，这自然影响到学以致用，就会造成读书没用的结果。

大多数人读爱情小说容易产生共情，是因为大多人或多或少都有情感方面的经历。读商业方面的书，人物传记方面的书，就不容易产生共情，原因是缺少对应的经历。

我们可以把经历少理解为缺少"隐性知识"。

迈克尔·波兰尼（Michael Polanyi）在1958年提出"隐性知识"这一概念[①]。它是指隐藏在个体头脑中的知识，是个体掌握的经验、技能和想法等，但并没有被编纂或记录下来。当作者用文字把自己的经验和想法写成书，书中自然包含有大量的隐性知识，这就需要阅读者具备相关的隐性知识才能理解。

---

① [英]迈克尔·波兰尼：《个人知识》，徐陶译，上海人民出版社2017年版。

读书与做事、社交、旅行相比,获得的主要是间接的经验。但读书是性价比最高的,大多人不一定有时间和条件做事、社交和旅行,但大多数人只要愿意就可以读书。

因为人与人不同,各自的基础、自律程度和经历不同,因此一类人认为读书有用,一类人认为读书没用。

同样的道理,认为读书没用的人,要想读书有用,那就必须针对基础差、不自律和经历少解决问题。从逻辑上讲,只要你解决了问题,就会有进步。

六、读书要学以致用

(一)读书要用

有一种观点:读书不应该主张用。坚持这一观点的人认为读书的目的是修身养性,读书的关键在于丰富知识与升华思想。

我的观点是读书一定要学以致用。任何人读书,如果脱离了用,就是脱离了社会实践。如果不用就不知道对错,更不可能从用的经历中获得验证与反馈,补充与更新自己的认知。

其一，读书能长见识、丰富想象力，让人遇事不慌乱、有谋略、能应对。

从时间上看，大多数人活不过百岁，日常活动的地理范围则是在方圆百八十千米之内（旅行、出差多是偶尔的、短期的）。读书能看过去几千年、一个国家甚至全世界范围的人类社会发生的各种事情，因此读书绝对能长见识，丰富想象力。人们常说，熟读唐诗三百首，不会作诗也会吟。如果熟读杰出人物的著作传记，肯定会见多识广，遇事不慌乱、有谋略、能应对。

其二，读书能积累谈资，用于社交。

现实生活中，大家对见多识广、言谈引经据典的人多刮目相看，心生敬意。读书能积累谈资，有利于你在各种场景对话聊天。

其三，读书最基本、最重要的是学以致用。

读书学以致用是把书上的原理、方法，和自己的人生经历（成败得失）结合起来，分析自己的人生（正确理解作者本意、联系自己所处环境和自身问题），哪些事情做得好，哪些事情做得不好，为什么？如何改正、改进？如何具体应用？

（二）用是更深入的学

读书是用杰出人物的世界观与方法论验证、理解自己的想法和做法的错与对。用自己的行为与杰出人物的行为作对比，对的坚持并更新，错的改正并不贰过。

我将"学以致用"改动一个字为"学以致改"，并提出"学以致改一句话"。

学以致改一句话是：读一本书，理解一句话，记住一句话，用好一句话。

理解一句话，首先要正确理解作者本意。读到自己感兴趣的一句话，或者对自己有启发，能够帮助自己解决问题的一句话，把它摘录下来，首先正确理解。读者有可能需要查询这句话中陌生的名词术语，阅读别人对这句话的解读和心得体会。我常说，看电影如果没有看懂，可以去看一些影评。读书如果没有看明白，可以去看别人是如何理解的，这和看电影影评的道理是相通的。理解一句话是前提，如果没有正确理解这句话，后面的记住与用好就谈不上。理解一句话，看起来不难，其实并不容易。一般情况下，要正确理解一句话需要三个方面，一是中文基础，二是数据库，三是相关的经历。本书对此另有解释。

记住一句话是在正确理解的基础上，不论是反复背诵，还是反复抄写，目的是先把这句话牢牢记住。如果没有牢牢记住，用的时候就想不起来。熟能生巧，没有捷径。要花费一定时间，下笨功夫，把一句话牢牢记住。建议每天早晚心中反复默诵若干遍，直到想忘都忘不了。

用好一句话是把这句话尽可能用在自己的工作上、生活中。每遇到一件事情，就拿这句话练习，试试能不能用到，这听起来很笨的样子，但其实是最实用的方法。多年前，我读彼得·德鲁克《卓有成效的管理者》①，选了"一次只做一件事"这句话，通过反复揣摩，我理解到这句话的意思是人的注意力、时间、精力和能力都是有限的，因此科学的做法就是一次只做一件事，而且是要事优先。我每天早晚都要把这一句话结合自己的经历进行反思，发现过去做成做好的事情都符合这个道理。同时，我又把这句话放在当下要做的各种事情上，反复推敲如何具体应用。这样边想边做，几个月下来，这句话就成了我自己的一个习惯，遇到事情要做，我的第一反应就是"一次只做一件

---

① ［美］彼得·德鲁克：《卓有成效的管理者》，许是祥译，机械工业出版社2009年版。

事",然后自动地分析判断何为要事?权衡选择出一件事,集中注意力。结果,由于抓住了主要矛盾,解决了关键问题,我能顺利完成这件事以及其他事。

读书,用是验证,用才有反馈,用才有结果。如果只读书,没有去用,那么读书只是看热闹,这种读书是只停留在理解文字上的读书。读书没有去用,没有验证是对是错,就没法获得可信、可行的原理方法;就不能指导自己做事;就不能得到想要的结果;就无法获得新知识,不能及时改正、改进。

读书,应该用于做事。一个人不能只读书,只读书是闭门造车,没有和外部世界联系起来,没办法得到客观世界的反馈。用是更深入的学,是更有效地读书。

七、我的读书故事

(一)起点

我是陕西人,出生在中国西部的一个小县城。

这个县城有十几万人口,经济上以农业为主,当年相当闭塞。

读小学的时候,我唯一的心愿是拥有一支钢笔。

读中学的时候，我最大的梦想是拥有一辆自行车。

我从小就没有什么远大志向，生活在物资紧缺的年代，我的童年是在贫困中度过的。

回想自己的那些年，不但没有什么远大志向，也没有什么想象力。

记得上中学的时候，我喜欢下象棋，但由于没钱买，我就只能和我姐把一些废报纸折叠，做成象棋，再在一张废报纸上画棋盘，在叠成的象棋上写"兵""马""将"等，这样我们就能在废报纸画线的棋盘上，用纸叠的棋下象棋。

（二）乐趣

生活在一个封闭的环境里，我们几乎没有娱乐活动，或者说娱乐活动少得可怜。

读书是我青少年时期主要的乐趣，因为我能从书里看到另外一个世界，一个和现实生活完全不同的世界。

当年，我喜欢看书，一有空闲时间就看书。但实话实说，那时我看不懂书，读书只是看热闹。

那些年电影电视很少，也没有互联网，我周围有一些人在读书，现在到书店看到很多人翻阅书，我能瞬间想起过去的那些美好记忆。

我至今记忆犹新，小时候读的书，主要有三类：

一类是儿童读物，当年有《儿童文学》《少年文艺》等杂志，有郑渊洁先生写的《童话大王》，还有《格林童话》《伊索寓言》《中国古代神话》《中国古代寓言》《百家姓》《千字文》《三字经》。

另外一类主要是古典小说，我记得有《水浒传》《三国演义》《说岳全书》《隋唐演义》《封神演义》。当然，还有《西游记》。还有一些书，我记不太清楚了。

第三类是世界名著，我读的不多，目前印象比较深的有《福尔摩斯探案集》《基督山伯爵》。我最喜欢的是《福尔摩斯探案集》。

（三）小故事

我当年读书，有三个小故事。

第一个小故事，借书读。

我读中学的时候，正流行金庸的武侠小说。可惜我们当地买不到，不过即使当地能买到，我也没钱买。

学校高我两个年级的一位同学，他有金庸的武侠小说，我就去借，人家不愿意借给我，我只能厚着脸皮向人家借。

人家被我死皮赖脸地纠缠，最后终于同意借给我，同时给我规定了时间，而且要求书不能弄脏，要按时归还。

我现在读书快，真有可能是当年借书看的原因。因为借书看意味着在规定时间内一定要看完，看不完就没得看了。

金庸先生的武侠小说，这一章看了，下一章没看，心里就特别好奇。因此，我拿到书就顾不上吃饭，顾不上睡觉，更顾不上学习，把注意力都放在借来的金庸武侠小说上，沉浸在故事里面，在武侠小说的世界里面度过每一天。回想起来，当年的那一段时光，是我今天想到也依然会激动的快乐时光。

第二个小故事，工作的挑战。

在创业之后，我很快发现了自己面临的最大的挑战。

这个挑战是：如果我不掌握专业知识，不具备专业能力，那我就赚不到钱。

当年创业，我进入的是建筑施工行业。但是我当初并没有掌握建筑施工的专业知识技能。对我来说，这是一个非常现实的挑战，如果无法克服这个困难，那我必定在建筑施工行业赚不到钱，我的创业就必定会失败。

为了赚钱，为了在这个行业立足发展，我把自己所在城市的所有书店能买到的专业书都买了。

那些书大概有几十本，全部堆在房间的床上，我一有空就读，大概用几个月的时间将建筑施工相关的书读了一遍。

因为读得特别认真，并且每天一有空就和工作结合起来反复思考。几个月下来，我把建筑施工专业的知识初步学会了，基本原理和常用技术也都掌握了。后来，我大概用了一年，一方面读书自学，一方面在工作中实践，两方面结合起来，最终成为了建筑施工行业的内行。

第三个小故事，读书入门难。

之前说到过，我以前读书，其实读不懂，只是读个热闹。

不论是小时候读一些儿童读物，读一些古典小说，还是后来自己读一些世界名著，我其实都是看热闹，读了之后也记不住。

书上一些精彩的故事情节，虽然偶尔能够想起来，但是自己并不能领悟其中的道理。

其实，专业书要比讲常识的书更容易读懂。

2005年，我在北大参加学习，非常幸运遇到历史系的几位老师，从此我的读书才算入门。几位老师给我们讲课，给我们讲作者，介绍出版社，讲书的背景，讲书中的道理方法，还给我们推荐相关的书目。从此，我算是读书入门了。

现在回想起来，我的内心还是非常感激几位老师的，是他们指引我真正地进入读书之门。

（四）开眼

因为我一直读书，所以我慢慢地想明白了一些道理，于是就有了走出去看世界的想法。

我第一次出国去的是日本，亲眼目睹日本的城市与社会，我很惊讶。干净的城市，彬彬有礼的日本人，现代化的日用设施，便捷快速的交通，传承百年的商家，都给第一次出国的我留下深刻印象。

在东京期间，我们去了池田大作先生创办的创价大学。在日本国会参观期间，几位国会议员得知我们一行来访后，临时抽出时间与我们做了友好的简短交流。当时有一件趣事，至今我还清楚地记得。我们一行有多半人不能讲日语，有一位国会议员见状马上哼唱起韩国电视剧《大长今》的主题曲，我们立刻会意大笑起来。那段时间，《大长今》在中国热播，其主题曲很多人都耳熟能详。这个细节让我从细微处体验了政治人物纯熟的沟通技巧，他用音乐巧妙地突破了语言障碍，营造了宾主皆欢的愉快气氛。

随后，我们在京都大学参加交流会议。正式议题之后的互动环节，我向日方提问平安古城的选址除了军事地理和建筑方面的考虑之外，有没有风水方面的考虑？日方几位学者认真地做了回答，我方一行人听我发起讨论平安古城风水话题，都偷着乐。

我第一次去欧洲，去的是爱尔兰。到达都柏林后，我游览了这座城市，参观了大学，也去了议会，长了见识。那时，每天有大巴车接送我们，车就停在酒店门口，用过早餐可以在酒店门口散步，也可以上车休息。以前学英语，老师教的早晨问候是"Good morning"，在都柏林，我重新学习了早晨的问候语。驾驶大巴车的是一位上了年纪、须发皆白的老先生，他西装革履，笑容满面，给我打开车门时，他对我说"Morning sir"，我吃了一惊，原来还可以这样问早安。

我第一次去美国，先到华盛顿，再到费城，之后去了纽约、拉斯维加斯、洛杉矶和旧金山。游览美国东部几个有代表性的城市，让我有机会亲自行走体验之前书上看过的美国历史名城，近距离观察美国的城市，美国的社会，美国的人。有一天，从百老汇看完歌剧后，我走在夜晚的纽约街道，看着四周高耸入云的摩天大楼，我想起来1931年建成的帝国大厦。因为读过美国历史，所以我知道纽约的城市发展，联想这次美国之行的所见所闻，我的头脑里竟然想到苏共总书记赫鲁晓夫那句经典的话：资本主义真他妈的富裕。（赫鲁晓夫究竟有没有说过，我没有考证，据说吧。）

日本、爱尔兰、美国之行，都是我难忘的经历。后来我去了其他国家，越来越多地看世界、开眼界。

当我去过一些国家的城市，相识、相处过那些城市的人之后，我把亲身经历和读过的书联系起来，发现自己对世界的认知彻底被颠覆。

可以这样说，我因为读书才想走出去看世界，到日本，到欧洲，到北美洲，到世界各地开眼。这个过程是我重塑世界观的过程，亦是世界对我重塑的过程。

（五）精彩

在过去的十八年，我每年都有计划地读 300 本以上的书。读书认知驱动之下，我行走过中国所有省会城市，去过许多世界上有代表性的国家和地区。从 2001 年创业至今，我与成千上万的人相识、相处、打交道，这个过程让我受益良多。

有时候我会反问自己，如果不读书会怎么样？

因为读书，我相信一个人要不断地学习进步，因此我求知若渴，成为高级工程师，获得北京大学的硕士学位，获得北京师范大学的博士学位，成为哈佛商学院的校友。

因为读书，我相信一个人不能只读书，要把读书、社交、旅行和做事结合起来平衡发展。而且，读书、社交和旅行的落脚点都是做事，要在做事上验证，要在做事上拿结果。

因为读书，我相信"真善美"。我积极参与社会公益事业，2019 年我被民建中央授予"民建脱贫攻坚突出贡献奖"；2020 年政协陕西省委鉴于我在脱贫攻坚工作中的积极贡献，给予我通报表扬。

因为读书，我在创办企业时能学以致用，并为社会做了一点点贡献，同时，我多次被国家领导人接见，多次作为中国企业家代表出国访问，多次出席 APEC 工商界领导人峰会、博鳌亚洲论坛、达沃斯世界经济论坛等国际论坛会议。在著名大学、在世界级平台、在当代杰出人物那里验证读过的书，我更深刻地学习理解了很多之前自己从来没想到的，这些经历对我生命的历练是必不可少且极为重要的。

回想自己的起点，那个在中国西部一个小县城，正是因为读书，我才有了我小时候做梦也想不到的人生经历。

过去这些年，我读过的书、行走过的城市、经历过的事，相识、相处、打过交道的人，让我见识了世界的精彩，体验了生命的精彩。

回头来看，读书是打开世界之门的钥匙，它让我融入这个世界。

（六）读书 Q＆A

1. 读书给我带来哪些改变？

读书使我理解自己，理解他人，理解社会。

读书带给我三样对我人生至关重要的东西。第一，想象力。读书让我有数据库，可以在思考的时候从中获得灵感。第二，发现问题和解决问题的世界观与方法论。通过读书，我从杰出人物那里学到的世界观（理解世界）和方法论（解决问题），使我看到真相，知道是放弃还是争取，知道可行的策略与技术。第三，创造价值。读书让我相信要做一个有用的人，一方面是为自己的生存，一方面是为社会创造价值。

在大量阅读之前，我是以自我为中心的。读书到了新的阶段，我可以从更加宏大的视野旁观自己、俯视自己；从更大的时空和当下洞察社会、定位自己、演算路径。

2. 我的亲身经历对大多数人有哪些启发？

读书有用。虽然学会读书需要时间，但这一定是值得的。注意，我认为学会读书需要时间。

人生是一场没有标准答案却有原则与结果的开卷考试。我的亲身经历告诉我：在黑暗中前进，要么手中有蜡烛，要么前方有灯塔，要么有经验丰富的向导同行，我觉得书就是这样：既能照亮道路，又能指明方向，还能答疑解惑。

会读书，会用，就能拿到结果。而每个人都需要结果，哪怕是不想要结果的人，都必须有结果。结果包括宏大的与细节的，宏大的如生存、生命的意义，细微的如一顿午餐、一张床。

3．读书和不读书区别大吗？

当然区别大。至少，不读书的人的认知有待于填充完整。

书记录了思想、原理、方法、技术等。自从人类有记录以来，书就承载了人类文明的一部分。

读书是贯通人类文明的一种方式。读书和不读书的区别在于，有人能连接到网络（人类文明），有人没有连接到网络。

社会竞争是无法避免的，能连接到网络的人拥有巨大的信息优势，在与连接不到网络的人的信息竞争中，优劣早已清楚，结果早已注定。

4．究竟要不要读书？

当然要读书。读书可以增加你的竞争优势。聪明人都知道，一本好书是不能错过的宝藏。

不用读书的人只有一类，那就是天才，即孔子说的"生而知之"。

不知道要读书，以及不会读、不会用，一定要去观察验证，所有的杰出人物和那些拿到结果的社会赢家，有谁不读书？

5. 为什么自己读书没有用？

读书没有用，除了基础差、不自律与经历少三个主要原因外，还有三个原因：

第一是身边没有良师益友，既看不到榜样是什么样的、是怎么做的，遇到问题（读书遇到问题）也无法得到指点和建议；

第二是没有掌握读书方法，死记硬背书的内容，对书的应用是生搬硬套；

第三是人生一路绿灯，没有遇到需要解决的问题，也没有学习知识、提高能力的压力、动力。

6. 读书有没有秘密？

大多数人不知道的事情就是秘密。

读书的理念、具体的方法，以及隐性知识，都是读书的秘密。理念包括选择书、作者、书的内容、应用等判断，方法是界定不同的范围、选择各种流程、工具以及在约束条件下的取舍。

隐性知识中的一部分是阅读经历的体验感受，是获得的经验，特别是灵感。体验因人而异，因此同一本书的读者不同，每个人的隐性知识会有差异。

读书的秘密取决于你阅读书的作者、书的数量和质量，以及你的理解与表达。当然，数据库越是庞大，思维越是高效，就越能持续优化迭代。

7. 读书易学实用的方法有哪些？

本书总结出七个读书易学实用的方法，分别是：（1）先看书评后看书；（2）从生活中举出一个例子；（3）联系自己经历的一件事写总结；（4）给读过的书写书评，写推荐语；（5）一个主题选两本书对比看；（6）翻译成外语，或改写成文言文，或编成顺口溜；（7）学以致改一句话。

8. 普通人能不能通过读书改变命运？

这主要在于能不能掌握正确的读书方法与是否能做到长期努力。

长期是多久？至少三年。掌握正确的方法，至少努力三年。

要改变，第一是要通过读书理解自己，理解他人，理解社会。第二，要学以致用，并根据实际情况变通创新。

以上，如果普通人能做到，就肯定能通过读书改变命运。

我就是通过读书改变命运的例子。

9. 普通人能不能通过读书获得财富？

可以。普通人通过读书掌握专业知识与技能，就能获得支持生存与生活的财富。

如果通过读书掌握常识，就有可能获得财富自由。

这里说的常识，包括两部分：

一部分是我说的理解自己，理解他人，理解时代环境（社会），可以概括为八个字"理解，表达，规律，人性"，查理·芒格说的"多元思维模型"与此道理相同。

一部分是我说的"一个限制、两个清单、三个突破"与"易细多长""一日生活制度"。例如，U.S Army 的行动后反思（AAR），达利欧的"五步流程法"。

第二章　选书的一个原则

　　读，读，读，阅读一切：垃圾和经典。

　　好的和坏的，都要一起，看看他们是如何做到的，

　　就像一个木匠当学徒研究大师一样阅读，你会吸收的。

——威廉·福克纳

　　这是读书七讲的第二部分，原来的题目为"选"。

　　"选"，是指选择。这里说的"选"，是读书的选书。书多到读不完，这时就要做出选择、读哪些书。

　　达利欧曾说：实现目标的征途中，会遇到大量选择，而我们所做的每一个决定都产生其结果，生活质量取决于我们所做的选择的质量。每个人一生大概会做出百万次选

择，最终的结果累加构成了我们的人生。

达利欧说的这个道理同样适用于读书的选择。

一、读书最怕什么？

（一）读错书

最怕读错书。

读错书会使人误入歧途。

一个人，读错书最可怕，其后果很严重。

可以不读书，但千万不要读错书。

为何读错书如此可怕？

因为，错的书意味着错的世界观、错的方法论，它让你好不容易从一个坑里爬出来，立即掉进另一个坑。而且你对书上写的还深信不疑，这将导致重复犯错。

好比计算机安装的操作系统有问题，它还能正常运行吗？

肯定不能。

重新启动后的操作系统无法从一个严重的系统错误中恢复过来，继续宕机（死机）。

（二）读错书的原因

读错书有以下五个常见的原因：

一是选错作者。

读书要选社会实践验证过的、有结果的、受到公认的作者。

有一些作者，天马行空，不切实际，闭门造车，只顾自己的想法。

没有经过社会实践验证、没有结果的一类作者，大多数名不符实，他们东拼西凑出一本书，客气点说是善意的谎言，直白地说是误导读者。

当然，有的作者是故意歪曲事实，人为制造假象给读者看。

二是冒名顶替之作。

当年，金庸先生的武侠小说热销，"全庸、金康"的武侠小说紧随其后。

还有一位"金庸新"，代表作《九阴九阳》，封面写着"金庸新著"，读者都以为是金庸先生的新著，被"金庸新"的冒名顶替之作欺骗。

武侠小说有冒名顶替之作，那历史、商业等领域的著作有没有呢？

三是被电影剪辑。

电影剪辑是指影片图像与声音素材的分解与组合。把拍摄的大量素材，经过取舍、分解与组合，最终完成一个作品。

你看过的电影，有没有哪一部是看完之后一头雾水，不知道电影在讲什么的？这很有可能是剪辑的原因，一部原片三小时的电影，你看到的是剪辑后的一小时四十分钟，当然看不懂。

有的书和电影剪辑一样，因为各种原因被剪辑，你看到的是经过删改的书。

四是表达委婉含蓄。

读书要正确理解作者的本意。

同样是批评一个人，有人直言不讳，有人委婉含蓄。

很多时候，作者不好意思直说，或者不方便直说，或者不敢直说，褒贬就需要读者自己揣摩领悟。

某件事，某个道理，作者的本意是肯定，还是反对？

五是翻译太烂。

如果你正在读一本从外文著作翻译而来的中文书，读来读去你总觉得别扭，读不明白，那很有可能是这本书的翻译有问题。

一些书的译者，没有对应的专业背景（如翻译管理类书却没有管理专业背景），没有国外生活经历（对作者的文化背景理解有限），也没有同类书的翻译经验。仅靠一边查字典，一边自己想象翻译完一本书，读者读不懂是正常的。

一句话，读书最怕读错书。就像吃东西，先要判断是不是健康的食物，你喜欢吃不等于你应该吃。还要检查保质期，不要看到食物就着急吃下去。

有的人读书，学到的知识其实是"屠龙术"。虽然没有用，自己却很得意。误学"屠龙术"不是最可怕的，最可怕的是在世界观与方法论上被误导欺骗，付出惨重的代价。

人的生命有限，有时间成本，机会成本（读书就不能去做别的事情，不能同时完成两种事情），读书必须重视选书，避免选错、读错。

（三）读书有边际效用递减

边际效用递减是说，当你极度口渴的时候，你迫切需要喝水，你喝下的第一杯水是最解渴的，但随着你口渴的程度降低，你对下一杯水的渴望值也不断减少，当你喝到完全不渴的时候即是边际，这时候再喝水，你会感到难受。

例如，关于演讲的书，选两三本经典代表作读就可以了，不用追求数量，读十几本同类的书。

没有必要。

二、选书，就是选人

（一）选书的一个原则

选书，是为读对书。

选书就是选人。

书是人写的，人选对了，书就选对了。

如何选书？用"读书学习杰出人物的世界观与方法论"这个理念选书。

判断哪些人是杰出人物，以读他们的著作和传记为主，建立你的认知框架。

有一点要提醒，因为说到这里，必定会有人说，选书是由价值观决定的，价值观是多元的，我选我喜欢的，没有对错。

第二章 选书的一个原则

有人坚信的"没有对错",事实不是那样。每个人都可以想一想,我相信大家都会同意:在人类社会生存,选择的结果是有对错的。

例如,要不要读大学?不同的人有不同的看法,价值观的确可以多元。有的人认为,只要有真本领,不用读大学。然而现实中,很多公司招聘都需要大学学历,如果连投简历的机会都没有,再大的本领也无处展示。同时,很多人的真本领并非光芒四射,一下子就让观者认可信服。因此,获得大学学历是你走进社会的通行证,有真本领是锦上添花,有大学学历是底线。认为没必要读大学的人,他们选择的结果就要和现实冲突。

在人类社会中,选择结果是有对错的,如果你是对的,那你就能活出精彩,如果你是错的,那你就只会步入困境。

选对人,选择古今中外的杰出人物,选择公认的、具有代表性的、符合你人生目标的。

例如,中国古代的老子、孔子、曾国藩;古希腊的苏格拉底、柏拉图、亚里士多德;佛教的创始人释迦牟尼;还有伽利略、牛顿、爱因斯坦、亚当·斯密、本杰明·富兰克林、彼得·德鲁克、林巧稚、屠呦呦、沃伦·巴菲特、查理·芒格、史蒂夫·乔布斯、埃隆·马斯克，等等。

（二）如何选杰出人物

一是查资料。

网上输入关键词，收集信息非常方便。

搜索"杰出人物"词条，引用刘建明、王泰玄等的解释："杰出人物是在一定历史阶段上对社会发展起重大推动作用的历史人物，包括杰出的政治家、思想家、军事家、科学家、文学艺术家，等等。杰出人物是适应时代、阶级、群众的需要而产生的，他们的思想反映了时代的要求，并比同一时代、同一阶级的普通人站得高、看得远，能够启蒙和动员群众完成社会发展进程中已经成熟的历史任务。"

网络上可以找到很多杰出人物，你需要进一步查资料验证其是公认的、具有代表性的、符合你目标的人。

二是书中发现。

读书的过程能发现自己之前不知道的，或者没有足够重视的杰出人物。

例如，我当年读李嘉诚先生的演讲文章，知道了范蠡、司马迁、富兰克林这些杰出人物，开始重视研读他们的著作与传记。最近几年,很多人读瑞·达利欧的《原则》①,作者在这本书中推荐了一些杰出人物及其著作,如约瑟夫·坎贝尔这位神话学大师和其著作《千面英雄》②,威尔·杜兰特和妻子合著的《历史的教训》③,理查德·道金斯的《基因之河》,还有达利欧称之为"我们这个时代最伟大、最有偶像意义的塑造者"的史蒂夫·乔布斯、杰夫·贝佐斯、埃隆·马斯克。

三是请师友推荐。

请良师益友推荐,也是有效的好办法。

《美学散步》④是宗白华先生的书,被称为中国美学的经典之作和必读之书。这本书及其作者宗白华先生,在我的导师黄会林先生讲之前我是不知道的。

(三)读杰出人物著作、传记及其推荐的书

1. 读杰出人物的著作

彼得·德鲁克的著作影响了管理研究的学者和企业家

---

① [美]瑞·达利欧:《原则》,刘波等译,中信出版社2018年版。
② [美]约瑟夫·坎贝尔:《千面英雄》,朱侃如译,浙江人民出版社2016年版。
③ [美]威尔·杜兰特:《历史的教训》,倪玉平、张闶译,四川人民出版社2015年版。
④ 宗白华:《美学散步》,上海人民出版社2015年版。

们。其中,《管理的实践》[1]于1954年首版发行,以"管理企业、管理管理者、管理员工和工作"三项管理的任务,组成本书的主轴和精髓,并以八个关键成果领域、三个经典的问句以及组织的精神丰富其内涵。《卓有成效的管理者》[2]于1966年首次出版。德鲁克认为,在一个现代组织里,每一位知识工作者如果能够基于他的职位和知识,对该组织负有贡献的责任,因而能实质地影响该组织的经营并达成成果,该工作者就是一位管理者。而且,一位卓有成效的管理者要重视目标和绩效,要做正确的事和最重要的事。

2. 读杰出人物的传记

读曾国藩的传记,从其人生经历,特别是行为,理解其世界观与方法论。其传记主要有萧一山的《曾国藩传》,唐浩明的《曾国藩》,林乾、迟云飞的《曾国藩大传》,张宏杰的《曾国藩传》和《曾国藩的正面与侧面》,美国学者黑尔的《曾国藩传》。同读书院推荐的两本人物传记,

---

[1] [美]彼得·德鲁克:《管理的实践》,齐若兰译,机械工业出版社2006年版。

[2] [美]彼得·德鲁克:《卓有成效的管理者》,许是祥译,机械工业出版社2009年版。

第一本是《朱元璋传》，第二本是《曾国藩传》，作者都是张宏杰。

3. 读杰出人物喜欢的书、推荐的书

毛泽东喜欢读《资治通鉴》，据说他读过 17 遍。此外，他还经常把《容斋随笔》带在身边。

沃伦·巴菲特推荐格雷厄姆的《聪明的投资者》，这本书被巴菲特称为"有史以来最伟大的投资著作"。

史蒂夫·乔布斯喜欢克莱顿·克里斯坦森的《创新者的窘境》，这本书使乔布斯理解一个道理：发明了某个事物的人往往是最后一个看到它过时的。

三、选书的经验

如果不选书，除了读错书被引入歧途外，还有一个点。世界上的书多到你读不完，你的时间有限，所以读书当然要选书。

（一）七条经验

之前说过选书就是选人，从选人的视角选书，开启读书的新世界。

选读杰出人物的著作、传记及其推荐的书，这是最基本的。除此之外还有几种选书的方法：

第一，选时间验证过的传世经典。

选择那些经过时间验证的传世经典著作。例如,《圣经》《论语》《道德经》《伊索寓言》《一千零一夜》《孙子兵法》《国富论》等。

《圣经》是对人类影响最大的经典著作之一，拥有一代又一代的读者，这部书对于世界历史，尤其是西方文明的影响是无与伦比的。

《论语》是最著名的儒家经典，是理解中国传统文化的必读书。

选择阅读传世经典，了解人类思想的发展。

第二，从读过的书中发现。

你读过的书，能帮助你发现新的好书。

一般有两种情况：

第一种是看作者。当你感觉某位作者的书好，那就去找这位作者的其他著作继续读。例如，我读了张宏杰的《曾国藩传》，认为写得很好，且对自己有启发，于是我就查询了一下，发现张宏杰的著作还有《朱元璋传》《简读中国史》《中国国民性演变历程》《大明王朝的七张面孔》

《曾国藩的正面与侧面》《坐天下》《饥饿的盛世：乾隆时代的得与失》《中国人的性格历程》等，这些书都可以拿来阅读。

第二种是在书中发现新的书和作者，包括：

1. 书中提到的，例如，瑞·达利欧在《原则》中提到了瑟夫·坎贝尔的《千面英雄》；

2. 书中引用的，例如，张宏杰的《简读中国史》第167页脚注：钱穆著作《中国历代政治得失》；

3. 参考文献页面中的，例如，理查德·道金斯著作《自私的基因》第417页就是"参考书目"部分；

4. 书后的丛书介绍，例如，中华书局出版的《商君书》，后面有"中华经典名著全本全注全译丛书（已出书目）"，读者可以从中选择自己感兴趣的。

第三，良师益友推荐的书。

师长推荐的书。多年前北大历史系的老师告诉我，如果要读《论语》，最好选杨伯峻先生注释的版本。

有读书经验的朋友推荐的书。我读《斯坦福大学人生设计课》是一位朋友推荐的，之前我并不知道这本书，一次聊天时朋友告诉我这本书对他挺有启发，我立即买了一本看。

第四，从问题出发。

工作上，生活中，难免遇到需要解决的各种问题。从问题出发去找书，也是常见的选书方法。例如，想在国内旅行，不知道可以去哪里，找一本介绍中国旅行的书；想提高自己的演讲能力，找一本介绍演讲知识技能的书；想学习写作，找一本介绍写作技能的书。

第五，畅销书排行榜（数据）。

电商平台、出版社或媒体定期都会发布畅销书排行榜，看排行榜也是选书的方法。例如，当当网、Kindle 都有细分的排行榜。以当当网为例，有总榜、新书榜、畅销书榜；总榜里面再分小说、管理、经济，等等，在你想要的主题里看排行榜的显示。

第六，有代表性的出版社。

有一些出版社口碑好，有代表性，例如，人民文学出版社、中华书局、三联书店、商务印书馆、中信出版社、上海古籍出版社、译林出版社、社会科学文献出版社、广西师范大学出版社、上海译文出版社等。

第七，了解杰出人物如何选书。

当你读过一些好书，应该了解这些书的作者如何选书。

在《阅读是一座随身携带的避难所》（中文版）中，英国作家毛姆分享了他的阅读书单，有《唐·吉诃德》《呼啸山庄》《红与黑》《高老头》《包法利夫人》《战争与和平》《卡拉马佐夫兄弟》等。

比尔·盖茨有读书的习惯，因此他的选书经验也很丰富，他说《一生的旅程》是他多年来读过的极好的商业书之一。《一生的旅程》的作者罗伯特·艾格是迪士尼的董事长兼首席执行官，他在书中回顾了自己45年的职业生涯。我就是因为看到比尔·盖茨讲这本书，才买来阅读。

（二）找差距，找规律

读书时间久了，经验多了，选书可以从读书经历中找差距，找规律。

一是古今中外比较选择。从古今中外的书中，做比较，在比较中找差距，找规律，提高选书能力。

二是同事不同人比较选择。有针对性地选一个主题，看不同的作者，哪些观点是相同的，哪些观点差异大，同样的事情看不同人的观点做比较，增长选书的经验。

三是不同的人推荐的同一本书。不同的人看相同的书，也会从各自不同的视角去看。从不同的人的论述中，可以多视角、尽可能完整地去理解同一本书，将散落的拼图拼在一起，就能看到完整的画面。

四、读著作与传记

人选出来了，书就选出来了。

如果选的杰出人物分别是曾国藩与彼得·德鲁克，选读曾国藩的著作与传记，著作为《曾文正公全集》，传记为张宏杰写的《曾国藩传》；选读德鲁克的著作与传记，著作为《卓有成效的管理者》，传记为《旁观者》。

（一）如何读著作

阅读杰出人物的著作，主要是学习他们的思想，了解他们如何看世界，如何理解自己、理解他人、理解时代环境（社会秩序规则），体会他们做事的道理与方法。

彼得·德鲁克的《卓有成效的管理者》中有重要的七问，分别是：第一，卓有成效是可以学会的。这是非常重要的观点，它阐明了管理者是不是必须有天赋，普通人能不能凭借后天的努力学会。第二，掌握自己的时间。实现卓有成效的基本条件是用好自己的时间。所有人的一天都是 24 小时，但人与人大不相同，每个人的 24 小时取得的结果是不同的。第三，反思自己能贡献什么。不断地自我反思，追根究底自己对组织、对社会的贡献，有价值的人才有可能是卓有成效的管理者。第四，如何发挥人的长处。要实现更伟大的事业目标、成为好的管理者就要与更多的人合作，能够看清楚并扬长避短地用好组织中的人。第五，要事优先。一次只做一件事，并且要事优先。这是我牢记与应用的一句话。第六，决策的要素。对决策拆解，并对过程中每个环节观察并做到位，确保能有好的结果。第七，有效的决策。有效的决策才可能实现想要的结果，取得了卓越的结果才能够称为卓有成效。

阅读彼得·德鲁克《卓有成效的管理者》，从七问可以看到作者对卓有成效的管理者的解读，包括他们应该做哪些事情，不应该做哪些事情，以及具体如何做。作者在书中讲解了所有组织都需要管理者，特别是需要卓有成效的管理者。这就是作者的世界观与方法论。读者不仅可以从作者的书中拓宽自己的视野，验证自己对管理的理解，而且可以学习模仿作者提出的观点与具体方法，结合自己的管理工作去实践。

（二）如何读传记

阅读杰出人物的传记，主要是了解他们的性格、能力、做事方法，特别是他们性格形成背后的生理、环境、教育、经历等，以及他们能够取得伟大成就的个人因素和历史机遇。

读张宏杰的《曾国藩传》，可以看出曾国藩这个人高度理性，他熟练掌握了关键能力，还非常讲究做事方法。

我们来从四个方面看看曾国藩的前半生：

1. 生理上。儿子曾国藩，父亲曾麟书，爷爷曾玉屏。书上说曾家从宋朝末年到清朝五六百年，连一个秀才都没有出过。说明他生理上普通。

2. 环境上。道光十二年，曾麟书与曾国藩从白杨坪出发，走了一百二三十里地到湘乡，再走了200多里地到达长沙。他们家到长沙，我算了一下是三百四五十里，从这里可以看出，他们的生活环境是在一个偏僻的农村，在当年的条件下，农村的交通、信息都不行。从生理上、环境上看，曾国藩都很普通，甚至是不好。

3. 教育上。曾麟书43岁中秀才，这一年曾国藩被"悬牌批责"，作为一个考得不好、文章写得不好的反面典型，让大家引以为戒。因此教育这一块他也很普通。看下来，曾国藩生理、环境、教育都很普通，都不算好。

4．经历上。曾国藩与他父亲的科举之路走得很艰难。他道光二十年入翰林院，当时的翰林院集中了全国的精英，曾国藩到了京城，入了翰林院，通过比较发现了自己的差距。俗话说："货比货得扔掉，人比人不能活"。他这是在北京的翰林院，不是在白杨坪，不是在湘乡县，也不是在长沙。翰林院是当时的精英聚集之地，他发现自己虽然中了进士，但读书太少，甚至可以说是没读过书。为什么这么说？一方面，曾国藩主要读的是科举的书，就是现在说的应试教育的教材，他读书的面太窄；另一方面老曾家五六百年连一个秀才都没出过，世世代代没有读书人，家里也没有什么藏书，没有给他提供读书的条件。

曾国藩生理上不是特别出众，生长环境偏僻，家庭环境普通，没有得到特别好的教育，到北京之前的经历也比较简单。太平天国是曾国藩实现人生"三不朽"的历史机遇。在与太平军战斗、给朝廷办事、和各级官员共事时，他经历了孟子说的"故天将降大任于斯人也，必先苦其心志，劳其筋骨，饿其体肤，空乏其身，行拂乱其所为，所以动心忍性，曾益其所不能"。可以说，太平天国这一历史机遇成就了曾国藩的"三不朽"：立德，立言，立功。

杰出人物在历史上有代表性，他们影响了人类社会的发展。我们可以思考一下，彼得·德鲁克的管理思想对管理实践有重要影响，多少管理者和企业因此而改变。历史虽不能假设，但是如果曾国藩为首的湘军失败，太平天国获得胜利，中国会怎么样？

杰出人物的著作是其思想的反映，传记是其言行事业（社会贡献成就）的记录，通过读著作与传记，我们就可以穿越时空连接杰出人物。

杰出人物的著作与传记如同工具，帮助我们看得远，看得清，突破自我局限，重新看世界，真实、完整地理解自己，理解他人，理解时代环境，这是活出精彩人生的新起点。

五、从李嘉诚读懂商业

李嘉诚先生是著名企业家。1981年获选"香港风云人物"和"太平绅士"。1989年获英国女王颁发的CBE勋衔，1992年被聘为港事顾问，1993年再度获选"香港风云人物",1995年至1997年任特区筹备委员会委员。2014年《福布斯》杂志公布的全球富豪排名中,李嘉诚的净资产310亿美元,是亚洲首富,在全球排行中名列第20位。

(一)做了三件事

我2001年创业,当时对商业一窍不通,做生意主要靠自己一点点摸索,遇到各种问题困难,只能自己想尽办法解决克服。

二十年前,网络应用没有现在这样普及,读纸质书是我学习创业的主要方式。当时,市面上商业管理的书籍很少,只有一些企业家的传记,但真伪难辨。从电视报纸的新闻报道里,我知道了香港的李嘉诚先生做企业很成功。

在书店,我看到有不同版本的李嘉诚传记。我的想法是,这些李嘉诚传记是不是靠谱?我担心不好的书会让我误入歧途。

但我想要向他学习,这该怎么办呢?

我思考了很长时间,做了三件事:

第一件事,我访问官方网站,整理出李嘉诚的大事记,经过对比印证，确认他是靠谱的（注意，这是李嘉诚先生的关键事实）。

第二件事，我想办法收集李嘉诚的公开演讲，主要有《赚钱的艺术》《奉献的艺术》《管理的艺术》和《强者的有为》，打印出来，反复研读。

第三件事，我把李嘉诚办公室悬挂的一副对联请人写了出来，挂在我的办公室，每日端详揣摩。对联是清朝左宗棠题写在无锡梅园的：发上等愿，结中等缘，享下等福；择高处立，寻平处住，向宽处行。

（二）反复读四篇演讲文

1. 李嘉诚在《赚钱的艺术》中说，现今世界经济严峻，成功没有魔法，也没有点金术，但人文精神永远是创意的源泉。作为企业领导，他必须具有国际视野，能全景思维，有长远的眼光，务实创新，掌握最新、最准确的资料，做出正确的决策，迅速行动，全力以赴。更重要的是，正如他曾说的，要建立个人和企业的良好信誉，这是在资产负债表之中见不到但价值无限的资产。

这段话，对今天的形势，对你我做事，依然可用。

2. 李嘉诚在《奉献的艺术》中说：范蠡和富兰克林，

两个不同的人，不同时代，不同文化背景，放在一起说好像互不相干，然而他们的故事值得大家深思。范蠡改变自己迁就社会，而富兰克林推动社会的变迁。他们在人生某个阶段都扮演过相同的角色，但他们设定人生的坐标完全不同。范蠡只想过他自己的日子，富兰克林利用他的智慧、能力和奉献精神建立未来的社会。就如他们从商所得，虽然一样毫不吝啬馈赠别人，但方法成果却有天渊之别；范蠡赠给邻居，富林克林用于建造社会能力（Capacity building），推动人们更有远见、能力、动力和冲劲。有能力的人可以为社会服务，有奉献心的人才可以带动社会进步。

从这时起，我开始重视富兰克林和他的书，开始重视司马迁的《货殖列传》。之前我不知道富兰克林，也没读过《富兰克林自传》《货殖列传》。

我从李嘉诚先生的演讲中打开视野，看见司马迁和范蠡；看见左宗棠的对联和富兰克林。

读了《富兰克林自传》，我了解到富兰克林自我管理的十三项美德：节制、缄默、秩序、决心、节俭、勤奋、诚信、正义、中庸、清洁、平静、贞洁、谦卑。这是他约束自己行为的具体规诫①。

通过仔细阅读《货殖列传》，我知道从春秋战国时代到汉朝，中国的商业已经非常繁荣，商人成为横跨政治商业的阶层，其代表人物有范蠡等人。司马迁对道家经商治国的经验进行了理论提炼，提出"善者因之，其次利导之，其次教诲之，其次整齐之，最下者与之争"的命题。他对范蠡"与时逐而不责于人"，计然"财币欲其行如流水"，白圭"乐观时变，人弃我取，人取我予"等的总结，让我大开眼界，不禁反复阅读。

3. 李嘉诚在《管理的艺术》中说：你是老板还是领袖？我常常问我自己，你是想当团队的老板还是一个团队的领袖？一般而言，做老板简单得多，你的权力主要来自你的地位，你的地位来自上天的缘分或你的努力和专业的知识。做领袖较为复杂，你的力量源自人性的魅力和号召力。要做一个成功的管理者，态度与能力一样重要。领袖领导众人，促使别人甘心卖力；老板只懂支配众人，让别人感到渺小。

---

① [美]本杰明·富兰克林：《富兰克林自传》，蒲隆译，译林出版社2015年版。

这启发我更多反思自己。

4. 李嘉诚在《强者的有为》中说：强者的有为，关键在我们能否凭仗自己的意志坚持我们正确的理想和原则；凭仗我们的毅力实践信念、责任和义务，运用我们的知识创造丰盛精神和富足的家园；我们能否将自己生命的智慧和力量，融入我们的文化，使它在瞬息万变的世界中能历久常新；我们能否贡献于我们深爱的民族，为她缔造更大的快乐、福祉、繁荣和非凡的未来。

这段话启发我思考，何为强者？

据说，2006年4月，30多位中国内地著名企业家去香港集体拜会李嘉诚先生时，他的开场白有四句：

当我们梦想更大成功的时候，我们有没有更刻苦的准备？

当我们梦想成为领袖的时候，我们有没有服务于人的谦恭？

我们常常只希望改变别人，我们知道什么时候改变自己吗？

当我们每天都在批评别人的时候，我们知道该自我反省吗？

选书就是选人，我从李嘉诚的书中读懂了商业。

用选人的视角选书，开启你读书的全新世界。

六、读书决定你的视野

（一）视野是眼睛看到的范围

文字书是人写的，写书人的视野影响读书人的视野。

回顾人类的历史，我们找出最具有代表性的杰出人物，读他们的书，发现他们的视野，理解他们是如何认知世界，看自己，看他人与看社会的，这样，我们自然能从中找到自己想要的答案。

读书决定你的视野。做选择的时候，必定要有取舍。杰出人物中有你欣赏认可的，也有你不感兴趣的。选书就是选人，既然是"选"，就一定不是全部读，总是要做出放弃的。但是，为了避免自己的视野狭隘，需要主动地去读一些自己不熟悉、不知道的书，特别是读自己不喜欢的书。

设想一下：阳光明媚的日子，我们走在深圳街头，眼睛看到的是四周的建筑物与人流车流。如果我们登上深圳平安金融中心云际观光层，那就可以俯瞰深圳景观与城市风貌。你我的视野因为脚下的高层建筑物而变化。如果将脚下的高层建筑物换成书,我们的视野也会随之改变,看到自己之前看不见的世界。

五星级酒店的自助餐,有人习惯直接去挑选自己喜欢吃的食物,不喜欢的食物不去多看一眼。如果是你,你会不会每次换不同的食物尝尝?你会不会吃你熟悉的,但也主动尝尝陌生的,或者吃你不喜欢的?你会不会想想这个自助餐没有的食物?你会不会问问自己,还有哪些是我没有见过的食物?哪些是我没有吃过的食物?看到这里,你可能猜到我要说什么了。如果把食物换成书,我们要读自己熟悉的书,也要读自己陌生的书,更要读自己不喜欢的书,以及自己不知道的书。

一个人追求美好的生活,需要理解自己、理解他人与社会。刚才说了,视野是眼睛所看到的范围。我们看到的人与社会是否完整,对我们的正确理解与做出判断选择是至关重要的。

(二)读书拓宽视野

我之前给一些朋友推荐过吴思先生的两本书,一本是《潜规则》,读这本书的关键在于理解"合法伤害权";另外一本是《血酬定律》，关键在于理解"元规则"。

吴思先生对"合法伤害权"的解释是：有些人能够利用自己的管辖权，在其职权范围内，利用冠冕堂皇的理由给其治下的民众以伤害。所有人都清楚这是打击报复，但一切都是在合法的名义之下进行的[①]。

吴思先生对"元规则"的解释是：所有规则的设立，说到底都遵循着一条根本规则：暴力最强者说了算。这是一条元规则，即决定规则的规则。暴力竞争的胜利者说了算，换句话说，在挑选规则的时候，能让对方得不偿失的一方，拥有否决权，而死亡是最彻底的损失，暴力最强者拥有最高否决权[②]。

很多人读过《论语》《道德经》《孙子兵法》等经典，我建议各位也要读一读《商君书》《韩非子》《君主论》，它们能帮助我们完整地理解人，理解社会。

《商君书》[③]是战国时期法家学派的代表作之一，作者商鞅，原名公孙鞅，卫国人（今中国河南），他"少好刑名

---

① 吴思：《潜规则》，复旦大学出版社2011年版。
② 吴思：《血酬定律》，语文出版社2009年版。
③ 《商君书》，石磊注，中华书局2018年版。

之学",善于剖析人性,致力于研究法制。

《韩非子》^①是战国时期思想家、法家韩非的著作总集,作者韩非是战国末期韩国新郑(今中国河南)人。其学说的核心是以君主专制为基础的法、术、势结合,他主张极端的功利主义,认为人与人之间主要是利害关系,强调法制对君主集权制度的建立产生了重大影响。

《君主论》[②]的作者是意大利思想家尼可罗·马基亚维利,他是近代政治思想的主要奠基人。该书是一本毁誉参半的奇书,一直被奉为欧洲历代君主的案头之书。它是政治家的最高指南,是统治阶级巩固其统治的治国原则,也是人类有史以来对政治斗争技巧最独到、最精辟的解剖。从西方到东方,该书在政界、宗教界、学术界等领域引起了巨大的反响。

对于《商君书》《韩非子》《君主论》之类的书,很多人内心排斥,不愿意读,但理性告诉我们应该读,读之后我们才知道"是什么,为什么,怎么做",才能在人和社会上

---

① 《韩非子》,高华平等译注,中华书局2015年版。
② [意]尼可罗·马基亚维利:《君主论》,潘汉典译,商务印书馆1985年版。

看见、看懂。

（三）看到更加真实、完整的世界

我系统地学习过管理学理论，有二十多年的管理实践。但是，对我管理实践更有启发帮助的，是读俄罗斯军事家苏沃洛夫的《制胜的科学》[①]，读苏联元帅朱可夫的《回忆与思考》[②]等著作。

在读《制胜的科学》以前，我读过美国管理学家泰勒的《科学管理原理》，两者对比阅读后，我的启发有很多。《制胜的科学》验证了我对管理的一些理解：不盲目追求复杂神奇的管理，正视看似平常却是实用有效的管理原理与方法。

我拿到朱可夫的《回忆与思考》时，当天晚上就一口气读了三分之一，接下来的几天，我有空就读，从书中了解朱可夫的军事管理思想，用来推理验证我的管理经验。读完朱可夫的回忆录，我更深刻地理解了管理系统的重要性，特别是以资源为基础的国家综合国力，

[①] [俄]苏沃洛夫：《制胜的科学》，李让译，解放军出版社1986年版。
[②] [苏]朱可夫：《回忆与思考》，中国人民解放军军事科学院外国军事研究部译，中国对外翻译出版公司1984年版。

指挥员性格、能力与方法论，坚决执行的部队纪律，以及组织架构、人员训练、武器装备、后勤保障等的具体应用。

试着读你不喜欢的书，读你不知道的书，不断地扩大你的视野，看到更加真实、完整的世界。

七、推荐30本书

这30本书全部为中文书，排名不分先后。

以下包括书名，作者，推荐语。

一、中国古代

1.《道德经》

2.《论语》

3.《史记》

4.《孟子》

5.《荀子》

6.《商君书》

7.《韩非子》

推荐语：作为中国人，我们有必要读这七本书，在哪里看到或者有人说起，至少自己要知道是怎么回事。当然，如果感兴趣的话，可以仔细研读，理解作者本意，并结合历史，联系实际做一些分析。

二、人物传记

8.《邓小平时代》作者：傅高义

9.《朱元璋传》作者：张宏杰

10.《曾国藩传》作者：张宏杰

推荐语： 邓小平是中国改革开放的代表性人物，从《邓小平时代》理解环境变化以及领导力。中国古代是以农耕文明为主的，读《朱元璋传》能理解真实的中国历史，理解文化惯性与深层次的结构问题。读《曾国藩传》会有哲理性启发，了解为人做事的具体方法，从立志，到"研几""克勤小物"，均可参考。

三、通识佳作

11.《好读书而求甚解》作者：叶圣陶

12.《落花水面皆文章》作者：叶圣陶

13.《潜规则》作者：吴思

14.《血酬定律》作者：吴思

15.《简读中国史》作者：张宏杰

16.《第一性原理》作者：李善友

17.《精益创业方法论》作者：龚焱

18.《西方哲学简史》作者：赵敦华

推荐语：叶圣陶先生的两本书，一本讲阅读，一本讲写作，简明实用，适合初学者入门，也适合经验丰富者内化升华。吴思先生的两本书，分别剖析"合法伤害权"和"元规则"，它们如同观察社会的望远镜和显微镜，能让我们看清平时看不见的。读《简读中国史》，你会建立中国大历史的框架，从而改变一些观念。从《第一性原理》中，你可以理解古希腊思维与中国传统思维的不同。《精益创业方法论》讲的是创业，但其实生活中处处都可用。想了解人类思想的发展变化，知道那些聪明人在思考什么，应该读哲学史，这本《西方哲学简史》非常适合入门。

四、国外佳作

19.《人性的弱点》作者：戴尔·卡耐基

20.《高效能人士的七个习惯》作者：史蒂芬·柯维

21.《全球通史》作者：斯塔夫里阿诺斯

22.《原则》作者：瑞·达利欧

23.《斯坦福大学人生设计课》作者：比尔·柏奈特 戴夫·伊万斯

24.《自私的基因》作者：理查德·道金斯

25.《贫穷的本质》作者：阿比吉特·班纳吉

26.《苏世民：我的经验与教训》作者：苏世民

27.《内观：葛印卡教授的解脱之道》作者：威廉·哈特

28.《逻辑十九讲》作者：威廉·姆沃克·阿特金森

29.《影响力》作者：罗伯特·西奥迪尼

30.《未来简史》作者：尤瓦尔·赫拉利

推荐语：卡耐基这本书，你可以忘掉书名"人性的弱点"，记住"如何赢得朋友并影响人们"。《高效能人士的七个习惯》经常被低估，但我强烈推荐反复阅读。想了解人类的历史，有必要多读几遍《全球通史》。《原则》讲了每个人都应理解并掌握的原理。只要你对未来有期待，就应该读《斯坦福大学人生设计课》。《自私的基因》《贫穷的本质》《内观：葛印卡教授的解脱之道》是理解自己、理解他人的必读书。《苏世民：我的经验与教训》有案例、有原则，适合与达利欧的《原则》对比看。每个人都需要逻辑，就像每个人都需要空气，逻辑入门读《逻辑十九讲》。《影响力》告诉你如何与人打交道。关于未来，总有人比我们想得多，读尤瓦尔·赫拉利的《未来简史》就能知道。

第三章　读书的慢就是快

> 我读书，我旅行，我成功。
>
> ——德里克·瓦尔科特

这是读书七讲的第三部分，原来的题目为"慢"。

这里说的"慢"，是指读书的速度，读书要用去很多的时间。但衡量读书效果不能只看速度，"慢"一般是有原因的，例如，读者的基础、习惯等，这是正常的、符合客观规律的。

一、读书不怕慢

有些人说，自己读书的主要问题是读得太慢，一本书要读很久。听到别人一天能读一本书，自己就很羡慕和焦虑。

（一）三种情况

读书慢，一般有三种情况：

第一种情况是时间不够充足，这就是我们常说的时间碎片化，没有条件拿出一整块时间来集中阅读，以至于读书慢。

第二种情况是过去读书太少，没有养成阅读习惯，读一段话会逐字默读（一个字、一个字地不出声读），这样自然读书慢。例如，"两江总督曾国藩今天在南京阅兵"，不习惯阅读文字的，默读是"两、江、总、督、曾、国、藩、今、天、在、南、京、阅、兵"，习惯阅读文字的，一种是"两江总督曾国藩，今天在南京阅兵"；另一种是"两江总督曾国藩今天在南京阅兵"。

第三种情况是读陌生领域的书，因为缺乏基础，理解慢，读起来需要反复思考，于是读书慢。例如，你读《朱元璋传》速度快，你读康德的《纯粹理性批判》试试，阅读的速度就快不了。

（二）读书有规律

大家都知道春种秋收是自然规律，从播种到收获，需要种子、土壤、阳光、雨水、养分，以及足够的时间。读书也有规律，慢是由读书规律决定的。如果时间没有达到，特别是基础不好，慢是正常的，快是做不到的。反过来说，有人读书快是他具备读书快的必要条件，符合读书快的规律。

以我的读书为例，我有管理学基础，又有二十多年的实践经验，我读苏沃洛夫《制胜的科学》，能立即想到泰勒的《科学管理原理》，对书中的知识点，我也可以很快理解。知识与知识之间有联系，基础越好，阅读相关书的速度就越快，理解能力就越强，阅读效果就越好。

俗话说，基础不牢，地动山摇。如果违背读书规律，结果必定是欲速则不达。

《道德经》第六十三章提到："天下难事，必作于易；天下大事，必作于细。"

意思是说：天下的难事可以从简易的地方做起，天下的大事可以从细微之处着眼。

这段话对理解读书慢有很重要的启发。慢是正常的，是符合客观规律的，不要排斥慢，应该接受慢，相信慢是必需的，只要掌握方法，长期坚持并养成读书习惯，自己未来也能具备读书快的必要条件，符合读书快的规律，熟能生巧，随心所欲地把握快慢自如的读书节奏。

多年前我和一位木匠师傅聊天，他给我说了一个道理，长得快的树木，一般不能做重要的用途。例如，白杨树长得很快。做上好的家具，白杨树的木材就不行，制作好的家具就要选用生长速度慢的树木。我听了不同树木制作家具的道理之后很受启发，然后联想到读书，联想到人才，其道理是相通的。

时间上，读书快慢要符合阅读的规律。读书不能贪多求快，一方面要有足够的时间用于阅读，另一方面要能耐得住性子，不急躁，用时间磨。

生理上，要学方法，反复练习，养成习惯，让自己在生理上适应后成为本能反应。逐步适应成为习惯，需要把注意力集中在读书上，同时也需要足够的时间。

基础上，懂得越多，基础越好，读书既快又轻松，而且效果好。

（三）刻意练习

安德烈·艾利克森和罗伯特·普尔在《刻意练习》[①]

---

① [美]安德斯·艾利克森、罗伯特·普尔：《刻意练习》，王正林译，机械工业出版社2016年版。

中指出：刻意练习是有目的地练习，还需要获得反馈，并且根据反馈进行相应的调整。简单的重复，并不是刻意练习。

我对刻意练习的理解有两点：第一，有针对性地反复练习；第二，行动后反思，找出问题并改正、改进。

"庖丁解牛"出自《庄子·养生主》。这个故事比喻经过反复实践，掌握了事物的客观规律，做起事来得心应手，运用自如。庄子以刀喻人，以牛体组织喻复杂的社会，以刀解牛喻人在社会上处世。

可以这样理解，"刻意练习"和"庖丁解牛"一样，一个人只要掌握读书的客观规律，灵活运用，就能从读书"慢"中解放出来，获得真正的"快"。

二、快慢是由基础决定

（一）短语

我举过一个例子，一个人从小到大在中国生活，如果他的中文不好，就不能真正融入中国社会。

很多人听了以后愣住了，接着他们仔细思考，但还是没有反应过来，他们觉得我讲的这个例子距离自己特别遥远,而且说的都是那些不识字的人。

因为大多数人的第一反应是,自己作为中国人,怎么可能中文不好?他们从来没有想过,也压根儿不相信自己的中文不好。

我继续说,想一想日常生活中的场景,你在家里、在工作中、在吃饭、坐车、街头问路这些最普通常见的场景中,用得最多的是不是短语?

短语是,你和别人说话的时候,基本上都是简单的一句话的表达。如果换做说英语,你马上就明白,如果你英语好,你和别人交流时就能长篇大论地提出你的问题,发表自己的感想。如果你的英语不好,你没办法长篇大论。

同样的道理,虽然你在中国生活,但是大多数的场景中你用的都是短语。如果请你做一个三小时的演讲,或者写一篇两万字的文章,你还觉得中文简单吗?在中国,大多数人日常生活的听说读写都在用短语,这对中文的要求并不高。

一个人从小到大在中国生活,他的中文在生活中足够用,但想要在主流社会活出精彩,可能还是有一些差距。

如果甲乙两个人对话,会出现这样的情况:甲说出自己的想法，甲说的话中有几个名词乙听不懂，甲需要给乙解释这几个名词。解释第一个名词的时候，甲又用了一个新名词，乙对这个新名词又不理解。那甲是不是要继续做解释？这就很有可能变成一个无法停下来的解释，直到脱离对话的主题。

那读书是不是同样的道理？

甲是作者，乙是读者。

（二）可以选读

不知道慢读的重要性，也从来没有体会到读书有节奏，这是一个急需改正的问题。

那如何解决这个问题？在读书的时候，体会读书的节奏，重视寻找规律，先慢读，再慢慢提高速度，逐渐让读书快起来。

读书少的，一般先慢读，当你开始适应读书了，再逐步提高你的阅读速度。当然，如果你的基础好，可以先快读，再快慢结合起来读。

举个例子，当你读一本书时，你先读作者简介、前言、目录，然后再看后记；到这里，你对这本书有了一个大概的了解。然后，根据你的兴趣，再有选择地仔细读。你未必要把书全部读一遍，你可以在初步了解这本书框架的基础上，选你最感兴趣的内容去读。当然，你也可以从感兴趣的一个问题，到两个问题，到三个问题……

如果你对一本书中的三个问题感兴趣，而且从书中都找到了你要的答案，那这本书就超值了。

大多数人与杰出人物的差距并非一日之功就能赶上，打好基础盖高楼，树根扎深才能长成参天大树。因此，读书应该体会节奏，先慢后快，先快后慢，快慢结合，循序渐进，日积月累，厚积薄发。这犹如仙家炼丹，七七四十九天一炉，也好比西天取经，九九八十一次考验。

（三）还原与联想

有的人基础好，有的人基础差。在读书之前，对自己的基础应该有一个大概的判断，根据自己的基础，决定读书是先慢后快，还是先快后慢。当然，你也可以快慢结合。对自己基础的判断，将有助于你做出选择。我建议你测试了解一下自己的中文基础、逻辑思维能力和通用知识的数据库。

前面说读书的快慢是由基础决定的，此外，在日常生活中，习惯用短语也会影响阅读。同时，如果你的逻辑好，就容易理解作者要表达的思想，如果逻辑不是很好，在阅读理解上就会有问题，会影响阅读速度。头脑中通用知识的数据库，也会影响阅读速度。当一段话中出现几个陌生的名词术语时，你就会停下来。如果你能够从作者讲的一个道理，立即想到关联的知识，那你就有理解速度上的优势。

如果读书的时候，你有对应的或者相关的经历，你就容易还原与联想作者的本意。例如，作者写一个人失业了，"手里拿的这杯热茶，花光了他仅有的三元钱，他此刻感觉到街道上异常的寒冷……"这里的"寒冷"，既有自然的寒冷之意，也包括人与人之间的淡漠，等等。

如果一个人从小到大生活在海南，从来没见过下雪，那他对"寒冷"的理解，只能是书面上的理解。他虽然知道寒冷是什么意思，但是他的数据库还不够丰富。没有亲身经历，就难以还原与联想作者的本意。如果这个人在黑龙江的漠河生活上两三周，感受滴水成冰，感受零下四五十度的生活，那他对寒冷的理解就会与之前大不一样。

同时，如果一个人从小到大衣食无忧，升学考试和工作一路绿灯，没有经历过人情冷暖，那他也难以还原与联想作者的本意。

基础、习惯、理解能力都在影响阅读速度。

三、体验读书的节奏

（一）读书节奏由什么决定

读书节奏一般由你的基础、习惯、条件、方法决定。

第一个，读书节奏由你的基础决定。你的基础是指你中文听说读写的能力、你的逻辑、读一本书有多少关联的数据库、对应的亲身经历。

第二个，读书节奏由你的习惯决定。一个人的习惯是他不用经过头脑思考就完成的事情。不用去想，就本能地去做了。一个人的性格如果外向，那他就习惯快速反应，他与那些经过思考再做出反应的人不同，因此读书的习惯是不同的。消遣类的书，就是闲得无聊，读一些漫画书、小说，如侦探小说、穿越小说或者武侠小说，习惯快速反应的一类人更喜欢一口气读完。这类人的读书习惯，决定了他们不会放慢阅读速度。另外一类人读书时更愿意反复思考而不是快速地做出反应。因为习惯，这类人在读书节奏上不追求快速。

第三个，读书的节奏由你的条件决定。这主要是指你的时间，一些人计划读书的时候，很少考虑自己有多少时间可以自由支配。其实，读书并不是没有门槛，有没有足够的时间去读书就是一个门槛。如果一个人的生活压力很大，忙于工作，有各种事情要处理，那他就很难留出充足的时间去读书，这就是没有条件读书。除了要有时间读书，还要有经济上的条件。买几十本书所有人都可以，但如果买的书多了，如买1000本或5000本，那是需要花费一些钱的。

第四个，读书的节奏由你的读书方法决定。有的人喜欢追求读书的数量，一年要读100本或者要读200本，有的人则一年12个月，一个月只读一本。一个月读一本和一个月读十本是有区别的。大多数人对一个月读一本的节奏把握，肯定要比对一个月读十本的节奏把握容易。还有，你读一本书是要全部理解，还是只要学以致改一句话？这是读书方法上的区别。将一本书的内容全部搞懂和只搞懂一句话，两个读书方法的节奏区别显而易见。

（二）读书的快与慢

读书当然有读书的节奏，可以有意识地去体会自己的读书节奏，由慢到快，先快后慢，快慢结合。但不要纠结于自己读书太慢，羡慕别人读书快。我刚才说过，读书快慢是由每个人的基础、习惯、条件、方法共同决定的。

李广，陇西成纪（今甘肃省秦安）人，西汉时期名将，是秦朝名将李信的后代。

程不识，汉武帝时名将，别称"不败将军"，担任雁门太守、长乐卫尉。与李广齐名。

李广和程不识都是名将，李广快，程不识慢，二人风格不同。

程不识是极为稳重严谨的将领，将部队按照最严格的纪律训练，分成部伍，同时他还有职责明确的层级指挥系统。部队出战时，他总是要求人不解甲、马不卸鞍。他的军队以步兵为主，行军很慢。率军作战时，前有斥候，左右有掩护，一队一队互相呼应，互相照管。行动时，全军一起推进；扎下营寨时有章法，敌人冲锋也不动。[1]

---

[1] 司马迁：《史记》，中华书局2016年版。

当你理解了自己读书为什么慢，别人读书为什么快，那就可以给自己设定读书目标，通过反复练习，你的阅读能力就会提高。等到了一定的时间，你也可以做到，在读书的过程中把控自己读书的节奏，快是流畅的节奏，因为你已经很熟练，那你的阅读过程就是流畅的；慢是反复地揣摩，当你读到一本书的重要部分时，你就不能一翻而过，你应该慢下来把这段话仔细分析，并且联系自己的经历去反复思考。

快，是流畅的节奏；慢，是反复地揣摩。

读书的快与慢，都是正常的。

（三）从熟练到自由

一章书是书中某一个章节的所有文字。一段话是书中某一个页面的一段文字。一本书、一章书、一段话，都可以用"先快后慢，先慢后快"的不同节奏阅读。

第一是先快后慢。读一本书，先通读一遍，然后在书中找到你最感兴趣的，有针对性地去精读。

当然也可以在书中选某一章，把这一章先通读一遍，然后在这一章里选一个知识点或者两三个知识点精读。也可以在某一页选一段话，先通读一遍再精读若干遍，思考作者究竟要表达什么？自己有没有正确理解这段话？这段话对自己有什么启发？怎么才能把这段话用在自己的生活之中？

第二是先慢后快，从精读到通读。一本书按先后顺序，每一章节，每一段话，仔细阅读。不要怕慢，一段话、一段话地仔细读。这种读法与曾国藩的读书方法一样，他每天给自己规定阅读若干页，而且必须要完成每日的阅读任务。

可以把一本书分成若干个部分，规定每天读多少。同样，把一章书分为若干部分，分几次读完。

可以规定自己每天读一段话，或者一周读一本书的三段话。先慢后快，从精读到通读。若干段话组合起来成为一个章节，若干章节组合起来成为一本书，仔细地精读一遍，再把全书通读一遍，相当于有细节有架构。

想一想拿砖砌墙建设大楼。可以把一段话比作一块砖，把一本书看作一栋大楼，当你把每一块砖都搞得清清楚楚，再把这些砖组合起来，让它成为一栋大楼。你仔细看过每一块砖，再仔细看这栋大楼，这是先慢后快的节奏。

从精读到通读，是先看树木，最后看整个森林。不用担心自己读书的节奏,不怕慢,不急于追求读书的快。长期坚持下去,你的阅读能力会不断提高,你的读书节奏会快慢随意、熟练自由。

四、慢就是快

(一)管理你的注意力

"同读一本书"要求四周读一本书,推荐的《朱元璋传》《曾国藩传》《简读中国史》等书,都是在四周内读完。

人的注意力是有限的。我之前讲过你的注意力在哪里,你的时间就在哪里;你的时间在哪里,你的未来就在哪里。读书一定要管理好注意力,因为注意力是一面旗帜,注意力的旗帜竖起来,你的时间、精力、能力、资源都会追随旗帜而来。同样的道理,注意力没在,时间、精力、能力、资源就不会在。管理好注意力,你在读书上能事半功倍;管理不好注意力,读书效果就不会好。

人性贪多求快,注意力很难长时间专注在一件事情上。强调慢读,就要把注意力放在"慢"上,常常提醒自己,反思自己有没有做到。

（二）无心插柳柳成荫

《增广贤文》[①]有句话说：有心栽花花不发，无心插柳柳成荫。用心地栽花、施肥、灌溉，花却不开；随手折下来的一枝柳条插在地里，从来没有照料它，几年过去它竟然成了枝繁叶茂的柳树。

为什么会"有心栽花花不发，无心插柳柳成荫"？因为人性贪婪，"有心"就会用力过猛，过早消耗尽能量，难以长期坚持，甚至因为急于求成而拔苗助长。而"无心"自然少消耗能量，蓄势待发，既能做得久远，也不会因为急功近利破坏"柳成荫"。

想想，你周围有没有这样的人？他们很难把自己的注意力长时间聚焦在一件事情上，而是喜欢不断地变换关注的对象。今天对这本书感兴趣，明天对另外一本书感兴趣，后天又换一本感兴趣的书。这样就成了狗熊掰苞谷，掰一个扔一个，结果是两手空空。

做人做事的道理也如此，我们要去面对人性的贪多求快。把自己的注意力长时间聚焦在慢读，这也是一个从不

---

① 《增广贤文》，张齐明译注，中华书局2013年版。

适应到习惯，最后成为本能的过程，在这期间你能真正体会到慢读的好处。

管理好注意力，慢就是快，仔细读书，做好过程，不求结果却有结果。

（三）读书"尚拙"

曾国藩说："士人读书，第一要有志，第二要有识，第三要有恒。有志，则断不甘为下流。有识，则知学问无尽，不敢以一得自足；如河伯之观海，如井蛙之窥天，皆无见识也。有恒，则断无不成之事。此三者缺一不可。"[①]

他读书的特点：

1. 专一于经典之作。

2. 逐句理解。一书不通透，不读新书。

3. 坚持每日读书，规定页数。

曾国藩读书，"尚拙"。

何为"尚拙"？"尚"是尊崇，重视；"拙"是笨拙，不灵巧。老子《道德经》中说"大直若屈，大巧若拙，大辩若讷。"这里可以把读书"尚拙"理解为不高估自己、不

---

① 张宏杰：《曾国藩传》，民主与建设出版社 2019 年版。

投机取巧。

读书可以采用三个笨办法，这也是"尚拙"的具体做法：

第一是抄书。有时候我读书会有些心浮气躁，不能全神贯注在书上，于是我就拿出笔和纸抄书。一般抄一页到两页，自己的注意力就可以进入到书中，产生和书融为一体的感觉。抄书看起来是笨办法，但是简单有效。

第二是朗读、默诵。读书的时候可以朗读或者默诵，一个是大声朗读，另一个是心中默诵。效果怎么样，用了就知道，你可能会喜欢上这种有效的笨办法。

第三是温故而知新。一本书要读五六遍。同读书院推荐的《曾国藩传》，有人读过三遍，有人读过五遍。每一次读间隔一两个月，每一次读的启发感悟都会有差异。孔子讲"温故而知新"，虽然你读过某本书，但你过一段时间再读一遍，随着年龄的增长、阅历的丰富，你读第二遍、读第三遍，会有很多新的发现，新的收获。

抄书，朗读和默诵，温故而知新，是简单有效的笨方法。

大多数人读书,先追求阅读质量,然后追求阅读数量。有人说自己一年要读100本书、200本书,而且已经读了很多年。当你问他:你读了那么多的书,工作上、生活中真正用了哪一本书,怎么用的,拿到了什么样的结果?他就目瞪口呆说不出话来了。他读了那么多书,并没有去用一本书。他只是读了很多书,但他根本没有改变自己的思维、改变自己的行为,没有拿到自己想要的结果。

是读100本书,一本书都没用有价值,还是只读一本书,但是用这本书解决了问题有价值?相信各位很容易做出正确的判断。读100本书连一本书都没有用,一定不如只读一本书却用了。这也是"尚拙"。

《道德经》中提出:企者不立,跨者不行。意思是说,踮起脚跟是站不稳的,跨步前进是走不远的。

一句话,违背规律的行为不能长久。

五、慢的原因是书有难易

(一)书有难易

书有难易,读书可以先易后难,也可以先难后易。

读书慢的一个原因是书有难易。你选读的书,有的书读起来快，有的书读起来慢，快慢的原因和书的难易相关。

书难读指比较难理解。当你读到一本难以理解的书时，你就容易读不下去，然后将书随手扔在一边，这一扔就可能再也不会读。即使过了一段时间你再拿起来读，读几页又读不下去，然后继续扔在一边，从此你再也不会读这本书。

先读难读的书，再读容易读的书。举个例子，你可以读几天康德和黑格尔的著作，体验完康德和黑格尔的著作，你再读张宏杰和冯唐的著作，你就会觉得张宏杰和冯唐的著作非常好读，你对"书有难易"会有特别强烈的感受。

我有读马列经典文选的经验。马列经典文选是外国人写的，后被翻译成中文，我读起来就觉得十分困难。当我读完马列经典文选的中文译本后，我再读中国人写的书就感觉特别流畅、舒服。没有体验对比就没有深刻的感受，我读马克思、恩格斯、列宁、费尔巴哈的文选以后，再读毛泽东、邓小平文选的感受就特别明显。

我建议你先读康德、黑格尔的著作，体验以后再去读张宏杰、冯唐的著作，这是先难后易。也可以先易后难，先读张宏杰、冯唐的著作，再读康德、黑格尔的著作。

你会理解为何自己读张宏杰、冯唐的著作读书快，读康德、黑格尔的著作读书慢，读书慢的原因之一是书有难易。

（二）读书的"易细多长"

读书应该注意的四个方面：

一是"易"，选书的时候，尽量根据自己的基础选一些自己阅读起来比较容易的书。选读自己容易读懂的书，读容易学以致用的书。

二是"细"，尽量先不选大部头书，如《哈佛中国史》一套六册。尽量选页数少的书，整本书字数不要多，或者先选一些文章来读。选读一本书的某个章节或若干段落，或者只读一句话也好。最好是从细微处开始。

三是"多"，它有两层意思，一层意思是反复阅读，读的次数多，如同一本书读三五遍。另一层意思是把是相关的书多读几本，如讲曾国藩的书，读萧一山的《曾国藩传》，唐浩明的《曾国藩》，林乾、迟云飞的《曾国藩大传》，张宏杰的《曾国藩传》和《曾国藩的正面与侧面》，美国学者黑尔的《曾国藩传》；讲朱元璋的书，读陈梧桐的《朱元璋大传》，吴晗的《朱元璋传》，张宏杰的《朱元璋传》。一个主题可以读不同作者、不同版本的书，还可以扩展到读不同领域的书，这也是多。

四是"长"，它是指长时间，读书不是读一周或者读几个月，而是读三年、五年、十年，乃至于读一生。我从2003年开始下功夫读书，第一年读了几十本，第二年读了100来本，坚持十年后一年读300多本。一年读几十本书，读100本书没什么，但坚持读十年、读二十年，读书的价值就出来了。从2003年到2020年，我读了4000多本书，理解了自己，理解了他人和社会，和自己没有读这4000多本书的时候比，我现在完全是另一个人。

（三）读很多书用到哪个

如果读了很多书，但是不能学以致用，收入没变化，重要的人际关系没变化，自己的快乐没有变多，自己的思维和行为也没变。自己费时费力读了好多书，但却清醒地看到生活并没有因为读书带来改变，这都不用别人来说，自己也会受打击。

建议先读一本容易用的书，学习一个道理方法，用在现实生活中解决问题，拿到结果。这是一个好的做法，因为学以致用并得到验证能强化你的认知，同时拿到结果，尝到甜头，你就更愿意去读书，再把读书学到的道理方法，用于解决现实问题，再拿到结果，如此循环。读书拿到结果有利于建立自信，有利于激发动力，保持读书并学以致用。

以埃隆·马斯克为例，他通过读书学习推动了特斯拉电动能源车的发展，做到了行业第一，通过读书学习掌握了火箭技术。这些读书学以致用的成功实践，不仅仅给马斯克带来了全世界的赞誉，带来了巨额的财富，同时给马斯克带来了更强的自信与读书的动力。

我相信当一个人通过读书学以致用，解决现实问题，获得社会的认可，获得财富，自己变得越来越好，他一定会更加热爱读书。

六、看森林？看树木？

（一）森林与树木

看森林是读全局，看树木是读细节。

大多数人读书是"只在看树木，忘记看森林"。

如何理解读书看森林和看树木？

举个例子，读《曾国藩传》，曾国藩如何面对挫折，如何组建湘军，如何处理人际关系就是全局，是森林。曾国藩的早起、读书不二就是细节，是树木。

读全局是看森林，理解一本书的整体框架。

读细节是看树木，把作者的观点、所讲的具体道理方法正确理解。

现代人读书，看树木的多，看森林的少。

（二）一套读书方法

1. 写摘要

写摘要是看森林。

通读一遍书后，把书上的主要观点总结概括为一句话或一段话，让没读过这本书的人，看了以后快速地对书有了解。可以这样想，如果你给别人推荐这一本书，怎么用一句话或一段话让别人对这本书感兴趣？

2. 画思维导图

画思维导图是看森林。

参考书的目录，把这本书的思维导图画出来。你看到一本书的目录是从前到后的若干章节，把目录从左到右画出来就是简单的思维导图。

为什么要画思维导图？头脑里的想法是看不见的，写在纸上、画成图是可视化，是把头脑里看不见的想法呈现出来，让眼睛能看到并记录、保存下来。这样一来，读者就能通过反复思考，比较图和文字，发现问题。如果不画出来，那就看不见，因此没办法保存，没办法反复思考，没办法相互比较发现问题，没办法反复修改。

3．思考题

思考题是看树木。

同读一本书，每周都有思考题。思考题是根据作者的核心观点提出，是书的关键所在。例如，同读《曾国藩传》的思考题如下：

（1）通读全书回答曾国藩是如何应对挫折的？

我们不可能不遇到挫折，遇到挫折是正常的，关键是你如何应对。读书的时候要分析理解曾国藩一生遇到过哪些挫折，他是怎么做的。理解曾国藩如何应对挫折，能够启发我们如何解决现实生活中的挫折。

（2）曾国藩是如何创建湘军的？

很多人想创业，曾国藩创建湘军和创业的道理是相通的。曾国藩是文官,以前没有带过兵打过仗,没有上战场的经验。要和太平军作战,就要创建湘军,怎么组建,怎么练兵,怎么作战,对曾国藩来讲全都是从零到一。读《曾国藩传》这本书,分析理解曾国藩是怎么思考这个问题的,曾国藩是从哪里找解决方案,具体是怎么做的,他从哪里入手,先做了什么后做了什么,都考虑了哪些问题,都做了哪些准备,以及曾国藩在创建湘军的过程中,都遇到了哪些困难,他是如何一一化解的。思考这些问题对想创业的人能有启发。同样,对每个在工作生活中解决问题的人也都有启发。

(3)曾国藩是如何处理人际关系的?

我们都要面对如何处理人际关系这个问题。能不能处理好人际关系,不仅决定你能不能取得事业的成功,也会影响你的快乐和生活的幸福。曾国藩到北京翰林院以后,怎么处理和在湖南老家的人的关系,怎么处理和在京同事的关系,怎么处理和皇帝的关系,在领导湘军和太平军作战的时候怎么处理团队关系,怎么处理和胡林翼、左宗棠、李鸿章等人的关系,怎么处理和竞争者的关系,例如,王有龄、何桂清。思考这些问题,你会大有收获。

（三）全局与细节

一般来说，读一本书应该是把全局与细节结合起来读，不但要通读全书，理解整本书的框架，理解作者的核心观点，同时也要关注细节。当然我不是指全部的细节，是关键的细节，至少要把作者阐述的重要道理方法正确理解。最好是能兼顾全局与细节两方面，最后再突出一个。

建议基础好的多关注全局，基础一般的多关注细节。基础好的多把注意力放在全局，对自己的启发更有价值。基础一般的把注意力放在细节，如果关注全局但没有细节支撑，对书的理解可能宏大而空洞，读了以后反而不知道怎么学以致用，因此基础一般的关注细节更容易收获实用的道理方法。

如果自己基础一般，且刚开始读书，建议把注意力放在细节，重点看树木。例如，我经常对同读参加者说，同读《朱元璋传》理解了"农民思维"就是100分，同读《曾国藩传》做到了"早起"就是100分。

根据自己的基础，决定把注意力放在全局看森林，还是放在细节看树木。当然，可以看森林和看树木兼顾起来。

如果你能在一本书里学到一个知识点并且运用这个

知识点，那你就是100分，这可以算你读书的一个里程碑。

七、反复读：慢工出细活

（一）慢读有道理

1. 不能违背规律

俗话说：慢工出细活。读书想快，着急没用，因为一个人的基础好不好，阅读能力强不强，这些都是有规律的，规律只能遵循不能违背，违背规律只会适得其反。例如，树种不一样，生长的速度不一样，生长快的木材和生长慢的木材区别很大，一般情况下，生长快的木材是不能用来制作高档家具的。这是规律。

2. 认识并遵循规律

认识读书的规律，遵循读书的规律。只有按照规律读书，才能通过读书拿到自己想要的结果。

有人读书很少考虑，或者从来不考虑读书的规律，总是贪多求快。凭自己的冲动无视读书的规律，违背读书的规律，最后没有拿到自己想要的结果。之所以做了很多无用的努力，主要原因就是没有理解读书的规律。

3. 学用方法

要想读书的效果好，就要学用好的读书方法，特别是学习古今中外杰出人物的慢读。如曾国藩的慢读，逐句理解，一书不通透，不读新书。

中国古代强调慢读，反复读到滚瓜烂熟，读到倒背如流。"读书百遍其义自见"，意思就是读书上百遍，就能自然领会书的意思，就能心领神会作者的本意，强调慢读、反复读就可以汲取书中精华。

4. 慢工出细活

可以探索自己读书的节奏，通过记录反思改进。明清时期山西晋商的生意做得好，家里盖房子在建筑上非常讲究。对建筑的节奏把握得好，要求工匠磨砖对缝，规定每一个工匠一天只做三块砖。磨砖对缝是将建筑用的砖经过打磨再砌在墙上，砖和砖之间的缝隙要严实紧密。这就对工匠的工艺技术要求很高，特别是对时间、节奏的要求高，不能快，工匠要把注意力放在一天的三块砖上，只有慢工才能出细活。

可以想一想，你会不会急于求成，是不是急躁，在读书的时候自己的情绪怎么样，是不是全神贯注，你的理性有没有让自己专注阅读，你的基础和自己的读书节奏是否匹配。

（二）专注读好一本书

要研究古今中外杰出人物如何慢读（从传记发现），在生活中也要善于向周围优秀的人学习，观察优秀的人是怎么读书的，向他们请教慢读的方法和心得体会。

模仿古今中外杰出人物的慢读，如曾国藩读书很讲究方法，他给自己规定：读书要逐句理解，一书不通透，不读新书。再联想到晋商盖房子的"磨砖对缝"，一天只做三块砖，你是不是很有启发？

要想把一件事情做好，首先要全神贯注，其次一定要有时间保证。生长得快的木材不能做高档家具，没有足够的时间就没办法做到慢工出细活。只有全神贯注在一本书上，有足够的时间，做到专注、慢读和反复读才能达到读书百遍其义自见。

如此专注读好一本书，打好基础，用同样的方法再去读其他书，就能够做到先慢后快，事半功倍。

（三）反复读经典

不急躁，集中精力，专注于读经典。反复读经典是夯实基础的好方法。

可以做这样一个安排，一年只读一本书。例如，用一年的时间只读史蒂芬·柯维的《高效能人士的七个习惯》[①]，每一次都当成第一次读，全神贯注地读。一年12个月，每个月读一遍，一年读12遍。你肯定会读出很多以前没有看到的，可以把每次读出的不一样的理解，去学以致用。反复读的次数越多，越是全神贯注，越是用心地分析思考，并且应用到自己的工作上生活中，一年下来，从《高效能人士的七个习惯》中一定能够学到很多的隐性知识。

之前讲过，道理大家一听都明白，所有人都能做到，但是没有人会去做。

如"铁杵成针"的道理。拿着一根铁棒去石头上磨，只要坚持不断地去磨，这根铁棒一定会越磨越短，越磨越小。磨出一枚针，只是时间问题。

但是，没有人去实践"铁杵成针"。

大家听了这件事，第一反应就是这件事太简单、价值小，人喜欢干大事，追求神秘复杂，不愿意长时间专注做

[①] [美]史蒂芬·柯维：《高效能人士的七个习惯》，高新勇等译，中国青年出版社2018年版。

一件自认为简单的小事。

其实,人生很多事情的道理就是"铁杵成针"。

成功的秘密就在于把一件小事长期坚持做好。当你把众多小事做好,小事组合叠加起来就是大事。

小事不小,做好小事,就能成就大事。

第四章　一本书懂一句话

有些人能感受雨，而其他人则只是被淋湿。

——鲍勃·迪伦

这是读书七讲的第四部分，原来的题目为"懂"。

"懂"，是指明白，了解，洞悉真相，知道前因后果。这里的"懂"是说正确理解作者的本意。

德国作家黑塞说："对思想家或作家的每一部杰作的深入理解，都会使你感到满足和幸福——不是因为获得了僵死的知识，而是有了鲜活的意识和理解。"

一、空杯

（一）空杯

多丽丝·莱辛说："我们的骄傲，多半是基于我们的无知。"

读书之前,最好倒空你的杯子。

学习任何知识技能,都应该从空杯开始。

空杯是把自己的头脑放空,不要带着已有的观念去读书。

有人去拜访一位禅师,他说要当面向禅师请教,然后滔滔不绝地说出了自己的各种想法。禅师给他的茶杯倒茶,茶水满了,禅师还在继续倒茶,这个人很惊讶,说:"师傅,茶杯已经倒满茶水,不能再倒了。"禅师借此暗示来访者头脑中已有固化的想法,如果他做不到空杯就无法给他建议,他也压根儿不会接受禅师的建议。

一些人在读书的时候,在三个方面容易出问题:

第一个是不能专注。他们的兴趣在不断地变化,今天喜欢这本书,明天又喜欢另外一本。读了很多书,在数量上自己很满意,却没有真正理解一本书,更没有把这本书应用在自己的生活中。

第二个是固执己见。他们已有的观念是选书、理解、应用的困扰和障碍。观念,我将其称为"文化给你的一双眼睛"。每个人都有文化给的眼睛,你用观念来看世界。

会用文化的眼睛做判断，做选择，符合观念的你愿意去做，不符合观念的你会视而不见，或者将其屏蔽，当作根本不存在。有时候自己能意识到"文化给你的一双眼睛"，有时候自己不知道，大多数情况下它是隐藏起来的，它在悄悄地帮你做判断、做选择。观念让你对一些书感兴趣，对一些书不感兴趣，必须注意的是，要时常提醒自己，不要在观念上被文化的眼睛限制束缚。

第三个是只读不做。读了书从来不去行动，自己非常赞同书上讲的某个道理，但是从不去用。只是阅读了一遍书上的道理方法，并没有把书上的某个道理方法在实践中应用。没有应用就没有验证，也不会有结果，也没办法判断这个道理方法是否正确，是否能解决问题，拿到结果。同时，通过阅读学习道理方法是不够的，因为书上讲的只是事物的一部分，我们并不知道相关的隐性知识，只有去用才能获得更多的隐性知识，只有将书中所学应用到实践中，读书才是完整的。如果只是阅读，从不去用，那就相当于只完成了一半读书。

（二）不排斥、不批评，要专注，先相信

怎么做到空杯？

第一，不排斥，不批评。读一本书，不要排斥，试试去读自己不喜欢的书。不但要读陌生领域的书，而且要读你不喜欢的那些书。可能你因为读了一本自己过去不喜欢的书，你的认知有了颠覆性的改变。你我难免会有认知上的盲区，往往是不知道的书或者不喜欢的书能够突破认知盲区。曾经有人问我，读一本书的时候如何去批评，我的回答是：把自己当作一个专家，去和书的作者进行不同意见的辩论。在如此庞大精密的人类知识面前，个人是微小而无知的，每个人的生命是有限的，所有人都无法做到以有限的生命去掌握全部的知识。保持自己的谦卑，空杯是一个好的开始。

第二，读书要专注，一次最好只读一本书，并在一本书里只专注一点。读一本书的时候，不要这本书还没读完，又去读第二本、第三本。可以通读全书，再有针对性地去读一个知识点，最好是专注于这一点，而不是在若干个点上跳来跳去，对大多数人来讲这样是不好的。应该专注一个点，把这一点准确理解后再去阅读理解一个新的知识点。

第三，读一本书前先提醒自己，要相信作者讲的道理方法是对的。先相信作者,把自己过去的想法,把自己的怀疑都放在一边,相信书上的道理方法是对的。然后再把书上讲的道理方法在现实生活中应用验证,每个道理方法应用验证三五次,看书上讲的道理方法是不是可以解决问题、拿到结果。验证之后再来判断书上讲的道理方法究竟有没有价值。先相信,再验证,而不是先排斥,先批评。书上的道理方法通过应用验证确定是对的、有价值的,到这里也不算结束,还要坚持使用一段时间,可以是一年,也可以更久。例如,我读德鲁克先生的著作时,从中学到一句话,这句话我一直用了十多年。这个例子我以前讲过很多次,但我还想再讲一次,简单的事情重复做,会有惊人的力量。

(三)相同与差异

从另外一个角度理解空杯,我们习惯于用已经知道的去解读陌生的。但我们应该努力纠正这个习惯,因为这很容易使自己产生误解,将已经知道的拿来原封不动地替换新知识。

举一个未必恰当的例子。你养了一只猫,所以你熟悉猫的习性,它是怎样的一个动物,你心里非常清楚。假如你从来不知道有老虎，有一天你看到老虎，你会不会觉得这是一只巨大的猫？你从来没有见过老虎，或者从来没有人见到过老虎，不知道有老虎的存在。你知道猫是温顺的小动物，但是从来没有见过像老虎这么大的一只猫。你会不会在第一次见到老虎的时候，心里面想竟然有这么大一只猫？

老虎和猫的这个比喻，你看到可能觉得好笑，但我想通过这个比喻让大家更好地理解空杯，知道自己容易犯什么样的错误。我们习惯用自己熟悉的东西去解读未知的新东西。那这种做法，是不是类似熟悉一只小猫，第一次看到老虎，马上认为这是一只巨大的猫。

这听起来似乎很好笑，但你可以想一想到底是不是这样的。如何抛弃自己知道的东西，空杯学习理解新的东西，并不容易做到。

但是，你可以时常提醒自己。

二、读不懂的主要原因

（一）三个原因：基础差，不自律，经历少

之前说过，读书读不懂主要是自身的原因，有三个：

第一个,基础差。主要是中文的听说读写,逻辑和数据库。

第二个,不自律。主要是做不到理性的自我约束。

第三个,经历少,主要是年龄太小,经历太少。读一本书,如果没有对应或者相关的亲身经历,就很难正确理解作者的本意。

(二)三选一是"不自律"

三个原因,哪个对读书的影响最大?

如果从基础差、不自律、经历少中三选一,选出一个对读书影响最大的,我选的是"不自律"。

我们必须承认人的动物本能,或者说动物性。

人性的固执己见、自私、贪婪、懒惰等,是每个人要接受并且面对的。人性的原因——不自律,对读书的影响最大,读书要有好的效果就要做到理性的自我约束。

首先是固执己见。有的人就是想不通,不能说服自己读书学习。我在20多岁的时候,有一天突然想明白了一个道理,社会上这么多人都想过上好日子,我凭什么?我凭什么在和他们的竞争中脱颖而出?我要过上比大多数人好的生活，只有通过学习，这样才能比大多数人早、准地理解社会变化。这需要我有能力，特别是认知的能力，发现问题、解决问题的能力，这样一来，读书的动机就很清楚，要想有好的生活，就要学习，就要读书。

其次，一些人读书既不能做到立即行动，又不能做到长期坚持，于是不知不觉养成一些不好的习惯。特别是拖延，拖着不做，今天推明天，到了明天又推明天。这就是古人说的"明日复明日，明日何其多，我生待明日，明日不待我"。另一个坏习惯是容易放弃，好不容易开始读书，读几页就不能坚持了。

再次，贪多求快，总想走捷径，幻想一步登顶。选的书读起来比较枯燥乏味，很容易一读就犯困，于是很快就没劲头了，再也不读了。

不自律的这些问题，既常见又难改。怎么办？可以抄书，大声朗读，默读背诵，只要坚持做一段时间就能适应。当你逐步适应的时候，就能接受和习惯。人的适应能力是非常强的，只要你坚持去做，就能通过抄书、大声朗读，开始专注在书上，这样一来，你自己明显能感觉到读进去了。

（三）延迟满足与二三级效应

20世纪60年代，斯坦福大学心理学教授沃尔特·米歇尔设计出关于延迟满足的"棉花糖实验"[1]。研究人员找来600名四岁到六岁的儿童，他们均来自斯坦福大学附属的幼儿园，研究人员让每个人单独待在一个只有一张桌子和一把小椅子的房间，桌子上面的托盘放着好吃的棉花糖，他们告诉孩子可以马上吃掉，也可以等工作人员回来再吃。如果能等到工作人员回来再吃，可以额外获得一颗棉花糖。孩子们也可以按响桌子上的铃，研究人员听到铃声会马上回来。结果，大多数孩子坚持不到3分钟就放弃，有一些孩子没有按铃直接把糖吃掉，有一些孩子按了铃。大约1/3的孩子延长了自己对吃棉花糖的欲望，等研究人员回来兑现了奖励，这个过程大约有15分钟。延迟满足就是有一些人为了追求更大的目标，克制自己短期的欲望，为了长远的、更大的收益放弃眼前的满足。

《原则》的作者瑞·达利欧做过一次演讲，他在演讲里讲了若干重要的道理，其中"二三级效应"让我印象深

---

[1] ［美］沃尔特·米歇尔：《棉花糖实验》，任俊、闫欢译，北京联合出版公司2016年版。

刻。他说，健身的一级效应是痛苦的，如果想到健身的二三级效应，即它能带给我们完美的身材和健康的身体，那么就有人愿意忍受健身一级效应的痛苦，去得到健身带来的二三级效应（完美的身材和健康的身体）。但是现实生活中大多数人往往是短视的，他们只看到眼前，只看到健身眼前带来的痛苦，于是放弃了健身，这样他们自然就没办法得到健身带来的二三级效应（完美的身材和健康的身体）。

对一些人来说，读书和"延迟满足""二三级效应"是同样的道理，一直拖延不行动，又不能做到专注，又难以坚持，翻几页扔在一边，都谈不上读了记不住和不会用，他们感觉到的是读书的煎熬与痛苦。这些都是读书的一级效应，正因为他们只看到读书的一级效应，早早就放弃了，没有坚持，因此他们就无法得到读书带来的二三级效应——扩大视野，增长见识，获得新的知识和技能，改变自己的思维和行为，知道自己怎么样做才能拿到结果、才能获得财富，才能获得社会声誉，让自己变得更加优秀。

当我们知道了，去做了，并且做到了，这才是读书的二三级效益。真相就是这样，很多人往往看到健身带来的痛苦而放弃，因此没有得到健身带来的二三级效应，拥有完美的身材和健康的身体，很多人因为读书的一级效应也放弃了，因此就没有可能得到读书带来的二三级效应。

三、经历少就读不懂

（一）理解作者的本意

听过我讲座的都知道，我一直反复强调要重视经历。因为经历对正确理解作者的本意是非常重要的。

我在指导读书的时候，提醒读者要重视两点：一是读任何一本书，首先要正确理解作者的本意，二是要将作者的思想、讲的道理方法（或者观点结论）联系到你所处的环境、你的问题。

如果读一本书无法做到正确理解作者本意，无法做到联系到自己的环境与问题，那么你读这一本书是没有价值的。

正是因为年代久远、时代变迁、文化差异，闻道有先后、术业有专攻等，造成了读者与作者在认知上存在鸿沟。由此而知，一个人的认知是无穷尽的，你我始终是在不断地追求真理，不断地接近真理。

以我自己读书的经验来说，从爱读书到真正读懂书，我用了很长的时间。读懂书并不容易，直到2005年在北大上课期间，我才算读书入门了，在那以前我读书就是看热闹。

如果自己的经历不够，读不懂书怎么办？

1. 请可信度高的人注解；

2. 主动用亲身经历验证；

3. 用周围可见可知的事情验证；

4. 逻辑推理；

5. 不断地质疑造假欺骗。

（二）经历可以理解为隐性知识

迈克尔·波兰尼把不可言说的、不言而喻的知识称为隐性知识，与之对应的是显性知识。

隐性知识是一个人所知道的、所意会的，及他所要表达的东西之间存在的隐含的、未编码的知识。

之前说过，大多数读者读情感小说很容易和作者产生共鸣，这是因为他们或多或少都有情感经历。但是读历史、商业或者军事著作时，就很难与作者产生共鸣，主要原因是读者缺少对应的和相关的经历。因此，读者没有办法理解作者本意的一个原因是缺少对应的和相关的经历，或者说读者没有必要的隐性知识。

我来举例解释一下隐性知识。很多人会骑自行车，如果你从来没有骑过自行车，给你一个骑自行车的说明书，再给你一个自行车，你看一遍说明书就立刻会骑吗？大多数人是做不到的。会骑自行车的人知道，怎么用双手握住自行车手柄，用脚踩踏让自行车向前走，如何保持平衡。骑自行车有隐性知识，是很难用语言文字全部表达清楚的。如果你会骑自行车，你自然知道骑自行车的感觉及那些身体动作。

同样，如果你不会游泳，现在给你一本游泳的书，给你上一次30分钟的游泳课，你跳到水里面就会游泳吗？游泳有隐性知识，一个人在水里面怎么呼吸，怎么用手划水，怎么用腿脚去夹蹬水，怎么保持身体的姿势，都有隐性知识。你可以阅读游泳的教材，也可以参加游泳的课程，但你要掌握游泳，必须在水里面亲身经历，只有反复练习，掌握必要的隐性知识，才能真正学会游泳。

（三）读不懂是缺少隐性知识

现在网上有很多教育资源，在线学习非常方便，只要你有时间，愿意付费，你就能学习各种知识。很多人学了课程，觉得自己懂了很多道理，但就是做不到，无法获得自己想要的结果。这里面有多个原因，其中一个原因是缺少隐性知识。

在线学习授课是通过语言、文字、图片和视频传递信息，主要是传递显性知识。因为你的经历不够，或者你亲自动手、反复练习的不够，你和老师、同学对概念和应用的互动讨论不够，课堂知识的验证反馈不够，你是学到一些知识，但缺少对应的隐性知识，因此你知道却不能做到。

我讲过一个道理。在参加一些重要的会议，或者听名人演讲时，当台上的一位杰出人物讲出精彩观点或重要的道理，听到的人会一瞬间恍然大悟，同时会产生一个错觉。什么样的错觉？就是听杰出人物一说，立刻觉得自己已经理解，觉得自己已经掌握，自己可以做到。

这是一个有趣的错觉。杰出人物讲道理的时候，他可能有过几十年的反复思考、反复练习和反复应用。他在讲他的经历，分享他已经熟练掌握的或者已经成为他生命的一部分的经验，作为听的人，由于没有经历过，所以就不可能立刻做到。

读书是同样的道理。当你读一本书的时候，你可以留意、思考作者讲的那些道理和方法，思考他和你的经历有哪些差异？他理解掌握的那些道理方法，是因为他有哪些经历才得以理解掌握，而如果你没有相同或类似的经历，怎么解决经历缺失这个问题。如果你没有相同或类似的经历，在理解作者讲的道理方法上会有一些认知差距，你不但不能像作者那样原创，在模仿的时候你也会遇到挑战。

同时，在听到杰出人物的演讲对你有启发的时候，你也可以像阅读的时候那样思考：作者的哪些经历让他有这样的想法，理解这样的道理，掌握这样的方法。通过这种比较，你可以发现差距，发现的差距会引导你找到正确答案，这会让你真正地成长。

"宰相必起于州部，猛将必发于卒伍。"这句话强调，选拔人才一定要从有基层实践经验的人中选拔，否则处理国家大事，统兵作战就可能因为没有经历而纸上谈兵，这会耽误国家大事。这句话出自《韩非子·显学》，强调了经历或者隐性知识对一个人的重要性。

人才一定是要有经历的。

读书同样要有经历，或者至少有一位有经历的良师益友。

四、独自读书难

这里说的独自读书是指自己一个人读书。

（一）独自读懂书难

独自读书，要读懂并会用是非常困难的。

如果你是一个人读书，你的基础会限制你的阅读理解，同时因为没有人和你讨论，你就很难发现自己的盲区。每个人都有思维盲区，在看一本书的时候总是看自己感兴趣的，很难看到完整的内容。

一个人读书，一方面很难突破自己思维的盲区，一方面很难长期坚持，热情来了会读几本，大多数人很难长时间保持读书热情，于是读着读着就放弃了。

还有人固执己见，坚持自己的观点，这也影响对书的选择、理解和应用。以自我为中心的人排斥不同意见，不能以开放的头脑去读书。同时，人性贪多求快，很多人总想要走捷径，让一些人更关注自己读书的数量和读书的速度。

读书的数量是一个月或者一年读了多少本书，读书的速度是一天能不能读完一本书或者读完两本书。只追求质量和速度就把读书目的搞错了，本来是要自己改变，从思维上、行为上改变，让自己的能力提高与收入增加，让自己重要的人际关系变得更好，让自己的快乐更多。但是只追求质量和速度把读书目的搞错了，导致自己渐渐忘记了为何读书。

还有，读书容易受到自己情绪变化的干扰，情绪高涨的时候努力读书，但是情绪不好时，就不愿意继续读书，三天打鱼两天晒网，一曝十寒。

如果不能长期坚持读书，做不到定期阅读、反复阅读，就难以随着时间推移和阅读量的积累，初步建立认知框架。

自己一个人读书，既没有良师益友的指导，也没有对一个问题进行开放式的、不同视角的讨论，因此，想获得好的结果是比较难的。

有人说一个人读书自学，就好比是自己抓住自己的头发，把自己提离地面，无比困难。这个说法是在否定一个人读书自学能改变、能进步，我不这样看。

（二）独自读书如何才能读懂

我认为读书自学是有难度，但如果做到以下几点，读书自学是能够进步的。要读懂书，特别是一个人独自读懂书，建议做到以下几点。

第一，查询名词。

读书时，查询名词术语很重要，有一位朋友独自读书很多年，但没有查询名词术语的习惯。他看到陌生的名词术语主要靠猜测，对貌似熟悉的名词，他的理解和正确的解释也是相差甚远。

在一次谈话中，我给他提出查询名词术语的建议，他马上就去查询验证。记得当时我们说的第一个词是"学习"，他去查询以后告诉我，这个词的意思和自己之前理解的确实有区别。我说"学习"是一个常见的词，你的理解和正确的解释都不一样，那你想一想还有多少词，你的理解不是社会主流的理解，还有那些你陌生的词，自己感觉吃不准的词，在这种情况下你独自读书，你很难正确理解作者的本意。

第二，逻辑判断。

独自读书时，用好逻辑判断也很重要。在读书时，读者在对书上的道理方法阅读理解的同时，还要用逻辑判断讲的道理是否成立，讲的方法是否行得通。

什么是逻辑判断？逻辑判断就是通过逻辑推理，不用实践，就能得到一个推理出的结论。

例如：

第一，男人有喉结；

第二，小李是男人。

因此我们可以很容易推出：小李有喉结。

因为男人有喉结是确定的，如果我们确定小李是男人，自然推理出小李有喉结。不管是否见过小李，我们都可以确定小李有喉结。我们不用亲自去看一下，用手摸摸小李有没有喉结。

独自读书的时候，要重视用逻辑做出判断。

第三，经历验证。

独自读书要善用经历验证书上的道理方法，如果有条件最好亲自去试一试。这就好比小马过河，不要只是听别人怎么说，也不要凭自己的主观想象，最好的办法就是亲自去验证。

你验证过了，那你就能心中有数，不会被别人的意见左右，也不会因为自己心中没底而犹豫不决。当你有了亲身经历的验证，你就能对书上的道理方法有更深刻的理解。

第四，互相印证。

一本书上讲的一个道理方法，可以和另外一本书讲的进行互相印证，用这一个来证明另外一个。当然也可以用三本书、五本书对同一件事的道理方法进行相互印证。

举个例子，达利欧在《原则》这本书中提出：痛苦＋反思＝进步。意思是说一个人要进步就要反思痛苦，从中受益，联系中国古代思想家孟子讲过的道理："故天将降大任于斯人也，必先苦其心志，劳其筋骨，饿其体肤，空乏其身，行拂乱其所为，所以动心忍性，曾益其所不能"①。特别最后一句"曾益其所不能"。孟子所讲的道理和达利欧讲的，可以互相印证。

第五，普遍联系。

读了一些书，学到一些道理方法，实际应用的时候可以普遍联系并举一反三。

比方说，一个道理在这件事情上是可行的，那放在其他事情上行不行？如果在这个环境是可行的，放在其他环境是不是可行？可以这样去思考，也可以这样去应用验证。

当读了达利欧的《原则》，知道了生理上的"杏仁核"

---

① 译文：上天要把重任降临在某人的身上，一定先要使他心意苦恼，筋骨劳累，使他忍饥挨饿，身体空虚乏力，使他的每一次行动都不如意，这样来激励他的心志，使他性情坚忍，增加他所不具备的能力。

会影响一个人的情绪，你就立刻思考自己有没有，自己周围人有没有，中国人有没有，全世界的人有没有？自己有，"杏仁核"给自己带来哪些后果？给其他人呢？有做得好的人吗？他是怎么做到的？

这就是将思考范围逐步扩大，也是把一个理论联系实际，并举一反三。

第六，请教师友。

古人讲，悟道有先后。有些时候我们读书读不懂，不要不好意思请教师友。特别是自学的时候，更要虚心请教。

孔子讲：三人行必有我师。读一本书时，可能自己能读懂大多数内容，但有一两处却卡住了，自己查询名词术语，找了一些书评，也经过了一番长时间思考，但就是没有想明白，这时就要虚心请教师友。可能这个问题是你没有经历过的新问题，但你的老师和朋友经历过，他们是有现成答案的。只要虚心地请教老师和朋友，可能他们的几句话就能解决我们思考很长时间却找不到正确答案的问题。

第七，四处求学。

读书有了一定的基础，应该四处求学。现在网上资源多，学习很方便，你不用像古人那样，到离家很远的地方去拜访名师，你只要坐在家中，用网络就可以获得各种好的学习资源。如果你的外语好，你就能获得全世界的学习资源。用中文也可以获得足够你用的学习资源，例如，Kindle电子书，微信读书，TED、网易云课堂、大学公开课，等等。

第八，融会贯通。

当你读书多、有相当坚实的基础时，你就要特别重视知识的融会贯通。把自己亲身经历的，从周围人那里观察到的，自己读书自学以及网上求学获得的所有知识进行分类整理，归纳提炼出若干原则，建立若干模型，让这些融会贯通后的知识初步形成系统，更加方便自己的理解、记忆与应用。

独自读书难的问题除了刚才说到的基础，还有你所处的环境，这个环境是有利于你读书，还是干扰你读书呢？这一点也很重要，比方说你有没有一个安静的、不被打扰的读书环境。

最后一个问题也是比较重要的，那就是你的经济条件是否支持你读书。每个人都要在正常生活的基础上才能有时间读书，那就需要一定的经济条件，如果生活都不正常，那就很难坚持读书。

读书要有经济条件，这一点虽然很容易被忽视，但又是必不可少的。

五、家传

这里说的"家传"是[jiā chuán]，不是[jiā zhuàn]。可以理解为在家庭内部上一代人传承给下一代人的知识技能。

（一）芒格的故事

什么是"家传"？先举个例子，各位一看就明白。

查理·芒格在 Daily Journal 公司年会上的演讲中提到：[①]

> 我的太姥爷，也就是我妈妈的爷爷，对我帮助很大。我太姥爷是一位拓荒者。他来到爱荷华州的时候身无分文，但是年轻，身体好。他参加了与印第安人打的那场黑鹰战争，在战争中当了上尉。后来，他在爱荷华州定居下来，每次，在出现土地非常廉价的机会时，他就非常有头脑地出手，大笔买入。
>
> 最后，他成了小镇上最有钱的人，还拥有银行。他受

[①] 2019年3月23日，查理·芒格在 Daily Journal 公司年会上的演讲。

人尊敬，有个大家庭，过着非常幸福的生活。他刚在爱荷华州定居的时候，一英亩土地还不到一美元，他一直住在爱荷华州，亲眼看到了富足的现代文明在这片肥沃的土地上兴起。我太姥爷说，他赶上了好时候，一辈子活到90岁，老天能给他几个大机会。

他这一生幸福长寿，主要是老天给他的那几个机会来临时，他抓住了。每年夏天，当孙子辈的孩子们围绕在他膝下时，我太姥爷总是一遍一遍地讲这个故事。我妈妈对钱不感兴趣，但是她记住了我太姥爷讲的故事，并且讲给了我听。我和我妈妈不一样，我知道我太姥爷做得对。

所以说，我还很小的时候，我就知道了，重大的机会、属于我的机会，只要少数几个，关键要让自己做好准备，当少数几个机会到来的时候，把它们抓住了。大型投资咨询机构里的那些人，他们可不是这么想的。他们自以为，他们研究一百万个东西，就能搞懂一百万个东西。

查理·芒格讲的这个故事，就是我要说的"家传"。

请记住芒格说的重点：**我还很小的时候，我就知道了，重大的机会、属于我的机会，只要少数几个，关键要让自**

己做好准备，当少数几个机会到来的时候，把它们抓住了。

（二）环境的影响塑造

这里引用查理·芒格的一段话，阅读他讲的故事，能快速理解什么是我要说的家传。前面讲过，独自读书学习很难，如果你幸运地拥有家传，那么对你来说，读书已经比其他人更具有优势。

家传的重要性有两个：

第一个是隐性知识，有家传，你就会在不经意间学到很多隐性知识。从小成长在好的家庭环境氛围中，就有很多的时间去获得隐性知识，这一点非常重要。相反，没有家传的人，就无法获得那些隐性知识。

第二个是养成好习惯。好习惯非常重要，你如果没有反复做过或者没有养成好的习惯，成年后再开始做一件事，你会不适应，不习惯，会排斥。

冯·诺依曼的最大贡献是对计算机科学、计算机技术、数值分析和经济学中的博弈论的开拓性工作，他被称为"计算机之父""博弈论之父"。10岁以前，冯·诺依曼接受的是典型的犹太式教育——请家庭教师授课。他的外语学习特别受重视，先是学习德语，然后是法语和英语，年龄稍长以后还要学习拉丁语和希腊语。他的家庭认为拉丁语是一种公理化的语言，有助于增强大脑的逻辑性。冯·诺依曼从小就表现出计算方面的天赋，这方面的遗传基因来自他的外祖父卡恩，后者有着惊人的心算能力，卡恩让冯·诺依曼注意到，数学并不抽象枯燥，而是有一定的规律可循。母亲的艺术素养则帮助他发现了数字的优雅，后来这成为他对学术研究的一种要求。正是早年的拉丁语训练帮助冯·诺依曼创造出了计算机语言。家传影响塑造了冯·诺依曼。

　　小时候，我每年冬天最痛苦的事情就是穿棉裤。我的家乡冬天很冷，每年都要穿棉裤，当时我非常讨厌穿棉裤，因为穿起来整个人很臃肿，走路、坐下都不舒服。但是，穿上一两周以后，我就习惯了，就没有别扭不舒服的感觉了。我想用自己穿棉裤的这个故事，解释从不适应到习惯的重要性。如果你有好的家传，学习对你就是一个从小养成的习惯，你不会觉得学习是痛苦的，因为你已经习惯了，反而会觉得不学习是痛苦的，这就是为何好习惯特别重要。如果你有家传，从小就已经养成若干好习惯，好习惯能让你受益终生。

（三）家传与通用能力

我的看法是，家传对一个人在通用能力上的养成非常重要。如果你有好的家传，在一些重要的通用能力的培养上，你就会比绝大多数人占优势。

通用能力包括母语的听说读写，外语（首选英语），逻辑，体育运动（首选团队的），人际关系的经验技巧，社会观察与经历，财务，以及接受好的大学教育。

母语、逻辑和外语，这些基本能力对一个人特别重要，因为这些能力在各个领域都是通用的。我有一位朋友，他的年龄比我大，他的英语口语非常好，我很惊讶。为什么惊讶？因为我知道他小时候的社会环境，而且我知道他父母英语都不好，他的英语口语不应该那样好。有一次吃饭聊天，我问他原因，他说自己从小是在爷爷奶奶身边长大的，他的爷爷奶奶是辅仁大学毕业的。就是因为他从小在爷爷奶奶身边长大，他的英语才这样好，他担任过多年世界500强公司中国区的高管，家传让他受益终生。

我有个同学的哥哥和我比较熟，有一次吃饭聊天的时候，我们说到读大学，他对我说家传非常重要，因为他的父母都是985大学教授，他生长在大学校园，他的第一学历是 985 高校，但不是他父母工作的大学。他说他们这些教授的子弟，在大学校园长大，受环境熏陶和家传影响，这些熏陶和影响使他一生受益。他的这番话让我思考：家传对一个人究竟有多么重要。

如果你的父母没能给你创造好的家庭环境，那就从你开始，你和你的孩子应该为后代创造更好的家庭环境。

六、师承

师承是学术与技艺上人类文明承前启后的贯通。

（一）人类的太空探索

举个例子。

在太空探索领域，一位堪称领军人物的天才让人类迈出了重要的一大步。他就是设计出德军 V-2 导弹，以及主导阿波罗计划的火箭天才冯·布劳恩。

韦纳·马格努斯·马克西米利安·冯·布劳恩男爵，出生于德国东普鲁士维尔西茨，德国火箭专家，二十世纪航天事业的先驱之一，著名的 V2 火箭的总设计师。

"二战"后，冯·布劳恩移居美国后任美国国家航空航天局空间研究开发项目的主设计师，主持设计了阿波罗

4号的运载火箭——土星5号。NASA用以下的话来形容冯·布劳恩："无庸置疑的,他是史上最伟大的火箭科学家。他最大的成就是在担任NASA马歇尔太空飞行中心总指挥时,主持土星5号的研发,成功地在1969年7月首次达成人类登陆月球的壮举。"

最早提出载人火星飞行设想的就是冯·布劳恩,1946年他就曾提出"火星飞行计划",并开始研究这个问题,不断推出各种各样的载人火星飞行方案。20世纪60年代后期,美国以冯·布劳恩为首,苏联以科罗廖夫为首,分别提出一系列的载人火星飞船设计方案。

谢尔盖·帕夫洛维奇·科罗廖夫,苏联宇航事业的伟大设计师与组织者,第一枚射程超过8000千米的洲际火箭(弹道导弹)的设计者,第一颗人造地球卫星运载火箭的设计者,第一艘载人航天飞船的总设计师。

冯·布劳恩曾于1953年出版科幻小说《火星计划》。

火星移民计划是美国宇宙探索技术公司创始人埃隆·马斯克首次对媒体透露出的、移民火星并在火星上建社区的计划。

2020年1月,埃隆·马斯克的SpaceX公司宣布在

2050年之前用火箭将人类送上火星，并在火星建立人类的第二根据地。

在太空探索、火星移民计划上，埃隆·马斯克师承了冯·布劳恩，科罗廖夫，以及我们不知道的一些人，但我们知道他们都是杰出人物。

（二）家传与师承都是人类文明的传承

当你真正理解了家传与师承，对如何让自己变得更加优秀，你就会有新的思考。

第一，重视师承，读书最好有可信度高的人注解，给予指导。

读书最好有可信度高的人给自己指导，如果完全靠自己的摸索，那就可能走很多弯路，浪费很多时间。

如果能找到好的师承，你相当于走上了高速路。很多人没有家传的条件，但可以努力找到好的师承。就像前面说的马斯克，他间接地师承冯·布劳恩和科罗廖夫，他们没见过面，互相并不认识，但通过文字资料建立起师承的关系。同样的道理，你去读杰出人物的书，或者尽可能找到可信度高的、愿意帮助指导你的人，你的做法和马斯克的做法是一样的。

之前讨论过读大学的重要性，读大学并不仅仅是拿到一个学历和学位证书，而是获得不一样的交往圈子，有可以指导你的老师，也有一批优秀的同学，从而建立起师承的关系。

第二，了解杰出人物读书如何读懂。

杰出人物读懂书，主要是靠师承和经历，有少数人是靠家传，他们中很多人是有天赋的。

有没有天才？应该有，但天才少之又少，大多数杰出人物主要还是靠家传、师承和经历。读《曾国藩传》就能看到，曾国藩没有家传条件，师承和经历对他读懂书、用好书非常关键。

不论你有多聪明，你最多有百八十年的生活经历，你能见的、能做的、能想到的都是有限的。但人类历史上那些最有智慧的人，他们的世界观与方法论非常有价值。将人类文明比作超级水库，我们每个人就是一个小水桶，你的水源从哪里来？最好的办法就是接通人类文明的超级水库。你的小水桶和人类文明的超级水库连接以后，你的水源就能源源不断。读书就是接通人类文明，杰出人物比大多数人更懂得如何接通人类文明的超级水库。

一句话：家传＋师承＋经历，天才少之又少。

(三)作者的家传与师承

读书要不要了解作者的师承?

当然要。

我相信有师承的作者,大多数不会乱写。

选书的时候很有必要了解一下作者的毕业院校,经历,特别是其师承(这里说的师承包括这个人的父母、导师、上下级关系、榜样人物)。

我在微博推荐过《杨鹏解读道德经》。作者杨鹏是北京大学西语系文学硕士,其著作《老子详解——老子执政学研究》中第3页的"感谢"部分提到,他在北京大学读研究生期间"选修了陈鼓应先生开设的'老庄哲学'课程,师从陈鼓应先生进入道家思想之门"。他同时提到《老子》研究者高明教授和尹振环先生,原文为"在此向高明和尹振环先生表示谢意"[①]。

陈鼓应先生有台湾大学哲学研究所哲学硕士学位,担任过美国加利福尼亚大学伯克利分校研究员,1984年在北京大学担任哲学系教授,讲授老庄哲学。著有《老子今注今译》。

[①] 杨鹏:《老子详解——老子执政学研究》,中国文史出版社2003年版。

陈鼓应先生的老师有方东美先生（金陵大学毕业，获威斯康星大学哲学硕士学位）。

高明先生曾任北京大学考古文博学院教授，毕业于北京大学历史系考古专业，著有《帛书老子校注（新编诸子集成·全2册）》。

尹振环先生著有《重识老子与〈老子〉——其人其书其术其演变》。

另外，有一些人读书时的视野往往不够开阔，格局不够大。如果有家传最好，没有就尽早重视寻找师承，从师承那里拓宽自己的视野，放大自己的格局。

当年在北大光华上课，厉以宁老师开场就说，到光华来，首要的是拓宽视野，我至今都清晰记得。

七、年龄太小，经历太少

为何读书，读不懂？

不是你不聪明，不是你不刻苦，而是因为你的年龄太小，经历太少。

（一）年龄太小

为什么有的人智商高，学历高，但是读书还是读不懂？

我的看法是：年龄太小，经历太少。

年龄太小，生理上的差异决定青年、中年、老年人思维的差异。

一般情况下，聪明人读书读不懂的原因非常简单，不是你不够聪明，不是你的知识不够丰富，更不是你不够勤奋刻苦。因为简单，大家往往视而不见或者不相信，读不懂的原因是年龄太小。

例如，当你为人父母，才能真正理解自己的父母。

很多人有了自己的孩子以后，才能真正理解自己的父母。因为年龄太小，你没有结婚生子，那你在理解父子（女）关系、母子（女）关系上，就没有办法做到真正懂。

等你年龄到了，有了自己的孩子，经过和孩子的相处，你就能够真正理解父母和你的关系。

每个人都会从儿童到青少年，到中年再到老年。在生理上，每一个阶段你对自己，对他人，对社会的理解都是不一样的，或者说你的理解是有变化、有差异的。

为什么理解会有变化、会有差异？因为一个人年龄增长后，其生理、心理认知都会发生变化。你感觉没法读懂书上的一些内容，是因为年龄太小，从心理上没办法理解，或者说年龄限制了你的阅读理解。

例如，青年人觉得自己和别人是不一样的，当年龄大了，心理发生变化，又觉得所有人都一样。这种心理变化会影响阅读理解。

（二）经历太少

经历太少，也会影响读书理解。如果一个人的经历太少，他就无法和作者产生共鸣，共情，乃至共识。

如果这个人没有与书上内容对应的，或者相关的经历，他在阅读的时候，就难以理解作者要表达什么。

之前说，大多数人在阅读爱情小说的时候容易和作者产生共鸣，但是读一些历史书的时候，就很难达到与阅读爱情小说同样的效果。究其原因，大多数人或多或少都有情感经历，在阅读爱情小说的时候，因为有对应的或相关的经历，就容易与作者产生共鸣。但是在读历史书或者一些理论著作时，如管理方面的著作，因为没有在商业领域的经历，就较难和作者产生共鸣。这就是为什么很多人读情感小说容易读懂，但是读历史、商业、军事等领域的著作，自己都能感觉到读不懂。

经历太少除了影响理解，还影响验证对错，因此没法真正读懂。

举一个例子，曾国藩一开始读古代兵书，没有完全读懂，当他创建湘军，并和太平军多次作战之后，有了建军练兵作战的实际经验，他才能验证古代兵书所讲道理方法的真伪。经过和太平军的实战，曾国藩发现古代兵书讲的很多是错的。

曾国藩通过经历验证了古代兵书的一些问题。当有了丰富的军事经验之后，他甚至指出古代一些兵书的部分内容是造假的。

（三）赵括的教训

陆游说：纸上得来终觉浅，绝知此事要躬行。

中国古代历史上，有人因为年龄小、经历少，读书没读懂，造成灾难性的后果。

例如，战国时期赵国的赵括，他是赵国名将——"马服君"赵奢之子，虽然他熟读兵书，但却因为实战经历少埋下了隐患。

长平之战中，赵孝成王用赵括代替老将廉颇为帅，赵括改变廉颇的作战策略，主动在长平全线出击，向秦国军队发起进攻。秦国将领白起，兵分两路，一路佯攻，把赵国军队引到秦国军队壁垒周围，另外一路切断赵国军队后路，使赵国军队的粮道断绝，被围困在长平。最后，赵国军队断粮46日，分兵四路、五次突围不成。赵国统帅赵括亲自率领勇士突围，被秦国军队射杀，40万赵国士兵投降后被秦国军队坑杀。

人的一生总要面对各种问题，一部分靠运气，如果运气好，你不会遇到那些问题；一部分靠自己，你遇到问题知道如何应对、解决问题。如果一个人遇到问题却不能解决问题，生活不会好。

我们知道人不可能不遇到问题，也知道遇到问题必定有一部分是要靠自己解决，那么读书能帮助我们如何理解问题，如何解决问题。然而，理解问题并不容易，很多人知道要解决好问题，却忽视了如何发现问题、理解问题，而如何发现问题、理解问题恰恰是解决问题的前提。

正确理解问题才有可能解决问题，如果问题理解错了，是无法解决问题的。例如，重力问题，在地球上重力问题是无法解决的。

要理解哪些问题是我们无法解决的，如重力、死亡……

读书学以致用，主要是解决可以解决、必须解决的问题。

张之洞说："读书不知要领，劳而无功。"

八、读懂《道德经》与邓小平

（一）《邓小平手迹选》

邓小平是四川广安人，早年赴欧洲勤工俭学，他是政治家、军事家、外交家，被称为中国社会主义改革开放和现代化建设的总设计师，中国特色社会主义道路的开创者，邓小平理论的主要创立者。

他所倡导的"改革开放"及"一国两制"政策理念，改变了20世纪后期的中国，也影响了世界，因此在1978年和1985年，他曾两次当选《时代周刊》"年度风云人物"。

大概十多年前，我很好奇高层领导人如何决策，如何处理政务，于是我就买了一套《邓小平手迹选》[①]。这本书从大量档案文献中挑选出邓小平同志手迹296件，包括报告、讲话、提纲、批示、文电、书信、题词、题字等。手迹按

---

① 《邓小平手迹选》，中央档案馆编，中国档案出版社2004年版。

题词、题字、书信、文电、批示、提纲 6 个部分分类，所有手迹均附有释文。

从文献中看出，邓小平同志看问题高屋建瓴，抓工作举重若轻，办事情雷厉风行，讲话写文章开门见山。

我多次读《邓小平文选》，了解他的主要思想。把《邓小平文选》和《邓小平手迹选》结合起来看，我获得了很多的启示。

（二）《道德经》与《邓小平时代》

我读《道德经》的时候发现，我很难将书中讲的与自己的实际联系起来，虽然读了很多次，也很认真地反复思考，还看了很多学者写的注解，效果都不好。

当时我很沮丧，觉得自己能力不行，不够资格读《道德经》。

我读《道德经》，很久都没开窍，直到有一天，我读了傅高义的《邓小平时代》[①]。

读了《邓小平时代》，我突然有一种恍然大悟的感觉，我又把《道德经》取来仔细读，将《邓小平手迹选》《邓小

---

① ［美］傅高义：《邓小平时代》，冯克利译，生活·读书·新知三联书店 2013 年版。

平文选》《邓小平时代》和《道德经》结合起来,并和自己的经历、读过的其他书联系起来,我一下子对《道德经》有了新的理解。

傅高义出生于美国俄亥俄州,费正清东亚研究中心前主任,社会学家,汉学研究学者,精通中文和日文。

读了傅高义的《邓小平时代》,我有了新的阅读思路,用人物联系经典再解读,结合邓小平的处世、做事,从而理解《道德经》讲的道理和方法,打开思路。

我之前读不懂《道德经》,后来结合《邓小平时代》读懂了,因为之前自己在理解上有偏差。

后来我为什么读懂了?因为我读了傅高义的《邓小平时代》,将《邓小平时代》与《道德经》联系了起来,再加上自己有一些社会经历,因此读懂了《道德经》。

例如:如何理解"无为而治"?刚开始读的时候,我找不到它在实际生活中的联系点,所以我很疑惑,它的意思是什么事情都不做?什么都不管?

我们做企业讲管理,在很多事情上都有制度,组织考核、培训,但是效果并没有想象中那么好,管理的挑战和困难依然比较多。

后来我读《邓小平时代》，书上讲了改革开放的历史，1978年之前，中国的粮食产量不足，进口也困难，很多人吃不上饭，吃不饱饭。当时买东西要有票：粮票、布票、糖票……你有钱没票，什么东西都买不到。改革开放首先是农村改革，国家做出重大决定：在农村搞生产承包责任制。以前农村是公社，每个人是在大队里挣工分，每天出工记工分，到年底根据工分去分粮食，"大锅饭"干多干少都一个样，大家平均分配，最后是：你辛苦干一天，是2分；他偷懒什么都不干，也是2分。所有的土地都是公家的，干活的人都在应付粮食生产，结果就是全国人民没粮食。

邓小平搞的生产承包责任制，把制度做了改变，把地分给农民，让农民承包土地，交完公粮后，剩下粮食都是自己的。

农民以前给大队干活，粮食打得多、打得少，和自己没关系。在新的制度下，假设给国家的公粮是600斤，承包的粮食产量高，交了公粮剩下2000斤，全都是自己的。

结合这件事情，再看《道德经》讲的"无为而治"，我就明白了：政策顺应人性，遵循规律，就是无为而治。尊重每个人的欲望，不要限制太多，不要束缚发家致富的欲望，不违背规律。只让大家奉献，不让大家发家致富，这就是违背规律。遵循人性规律，让人们大胆去干，余粮是自己的，这样才有干劲。满足人们发家致富的欲望，这是人性、是规律。不用给农民说：你要勤劳，勤劳才能致富；你要努力，努力才能过得更好。只要制定好规则就行，制定规则的关键是顺应人性。

这就是老子《道德经》讲的"无为而治"。我从《邓小平时代》明白了《道德经》里的"无为而治"，之后将其用于公司管理、商业合作中。

读懂一本书并不容易，读书只有读懂才能用对。没有读懂、错误理解的危害非常大，如赵括。读书要读懂，不能做赵括式人物。

想尽办法读懂一本经典之作是值得的，如我读懂《道德经》中的一些道理后，我能重新理解世界。

第五章　记不住就反复用

> 生活中重要的不是发生在你身上的事,
> 而是你记得是什么,以及你如何记得它。
>
> ——加布里埃尔·加西亚·马尔克斯

这是读书七讲的第五部分,原来的题目为"记"。

"记",是指记忆、记住。"记"的本义是记录、记载、记述,也引申为标志、符号。

看看你周围优秀的人,他们一般都有两个明显的特点:一个是精力充沛,一个是记忆好。如果一个人记忆好,他就有很大的优势,例如,总结经验时,有人记忆好,就能还原更多的真实细节。如果记忆不好,就可能记错,总结不出对的经验。

一个人记忆好，读书同样有优势。

一、记不住是大问题

记忆是一个人思维的基础以及想象的条件。

日本作家大江健三郎说："你为什么读书呢？难道只是为了消磨时间吗？如果读完一页，接着就忘了的话，难道你仅仅是为了训练自己的忘性吗？"

（一）读书记不住是大问题

有人读了很多书，而且是很认真地读，但是遇到问题就想不起来书上的道理方法，需要解决问题的时候，知识在头脑里一点印象都没有。等这个事情结束以后，某个时间突然想起来这个事情怎么才能做得更好，因为自己以前读过的一本书中似乎有解释。他找到书一看，果然上面有清清楚楚的详细说明，他完全可以按照书上的方法解决问题。但是自己遇到事情、要解决问题的时候却一点记忆都没有，于是白白错过一个验证书上道理方法的机会。而且自己稀里糊涂的，也没有把这个问题解决好。

有人读书真的是读多少忘多少，读完一本书，对书的内容几乎没有一点印象。读书记不住的大有人在。如果你读书，但是没有记住重要的内容，或者没有选择性地记住一些道理方法，就无法把书上学的知识变成你的认知框架或操作模型。如果没有认知框架或操作模型，你无法将复杂的知识应用到生活中，无法解决问题、拿到结果。

大多数人进酒店房间的时候，并不会在意酒店房间里面的烟雾感应和消防喷淋。如果消防员或者有消防背景的专业人士进酒店房间，他们会马上看到烟雾感应和消防喷淋。为什么他们能看到，而大多数人看不到呢？因为我们的头脑里面没有对应消防的知识记忆，所以我们自然就没有他们那种敏感的反应。

如果你掌握某种专业知识，那你就能够在有限的信息里面做出快速反应，你可以推理预测到可能发生的事情。但这些的前提是什么？是你能记住相关的专业知识。比方说通过某个人身体的某项指标，判断这个人有可能是患有某种疾病，那么做出判断的这个人，他头脑里面一定要对这个病症的基本知识有记忆。如果这个人头脑里面对疾病的基本知识没有记忆，那么，第一，他不会有敏感反应；第二，他拿到信息数据也不能快速地做出判断。

读书记不住是大问题，这导致读书再多也没法用。在读的过程中,可能你体验到了快乐,但读完之后全部忘光,那和你没读区别不大。因此,我们可以有一个共识:读书,记是用的基础。

(二)想不起来就没法用

会不会有人读完一本书,什么都没记住?作者是谁?书中讲了什么?书名是什么?如果把这些都忘记了,那读书就没用。

读书再多,如果想不起来,怎么用?没法用。

重要的信息必须牢牢记住。

我们都希望自己读很多书,懂很多道理方法,用的时候能不假思索,得心应手。但是,很多人用的时候不是不假思索,而是茫然、不知所措,读过的书,懂得的道理,要用的时候,忽然之间全都找不到了。

究其原因,除去紧张等心理因素,主要是没有重视"牢记"这一重要的环节。

为什么有人读书记不住,用的时候想不起来?

主要有四个原因:

第一个原因是不够专注,不够用心。读书的时候不认真,马马虎虎,随便看一看,都没有仔细理解作者究竟是什么意思。遇到陌生的、吃不准的名词术语，也是一翻而过，并没有查询其准确的解释。还有可能在读书的过程中，头脑里面想着其他的事。这样一来，书上有很多内容都没看到，读书只是走马观花，蜻蜓点水，没有深入。

第二个原因是读了一本书，但没有真正理解。没有真正理解至少包含两个意思，一个意思是对作者的本意没有正确理解。作者肯定什么、反对什么，作者对某件事情是怎么解释原因的，作者阐述了一个什么样的道理方法，这些问题都应该在读书后有所了解。第二个意思是没有把作者讲的道理方法和自己已有的知识结合起来。读书不但要联系到自己所处的环境，联系到自身的问题，还要把自己已有的知识和读书学的新知识结合起来。读书如果做不到这两个方面，那就没有真正理解，没有真正理解就很难记住。

第三个原因是没有反复练习。读书只读一遍，对头脑记忆的刺激是远远不够的。一本好书，或者说对自己有价值的书，应该反复读。特别是选择其中重要的知识技能反复练习，不论是抄书、背诵还是模拟练习都是很有必要的。每个人都需要反复练习才能掌握新的知识，而人与人之间的区别是,有的人练习三五遍就记住了,有的人可能要练习三五十遍才能记住。

阎崇年在《康熙大帝》中说,康熙皇帝读书朗读120遍、默诵120遍[①]。如果一个人能够把重要的内容朗读和默诵各120遍,那肯定能记住。

第四个原因是没有反复应用。反复练习,指的是抄写、朗读默诵,反复刺激,加深头脑里的记忆痕迹。练习是应用的基础,如果你没有去用,或者用的次数太少,只用一次或者从来不用,那都毫无意义。学到的知识不但要反复练习,而且要反复应用,每一次应用不仅仅是加深理解,同时也是加深记忆。

(三)记不住就不能相互联系

读一本书记住几个知识点,读的书多了,将书上的知识点相互联系起来,就能建立一个知识网络,有了知识网络就能梳理提炼出认知框架,用来理解世界,指导做事。

当认知框架和应用经验积累到一定的程度,可以建立应用模型,用模型来发现问题,解决问题。一旦有了应用

---

① 阎崇年:《康熙大帝》,北京人民出版社2019年版。

模型，就可以在实践中不断更新，用模型固化成功的经验，有效解决新的问题，模型日趋完善，功能就越来越强大。

相反，如果读书记不住，那读书再多也没有积累，没有积累就很难有进步。读书虽然多但积累不够，那也只能是原地踏步，而且社会在发展，周围的人都在进步，你因为记不住而原地踏步，那你就落后了。在快速变化的环境中，如果你没有进步，那你要么是原地踏步，要么是已经退步。

二、记忆的常识

有一种说法，说记忆是一种利用过去，服务现在或将来的能力。记忆对每个人的生活非常重要，记忆定义了我们是谁。如果没有记忆，人类将陷入一个永恒的现在。

当一个人有了体验，并且有记忆存储下来，这证明了经历的内在表征，即存储在头脑中，可以重建并使用。

柏拉图认为人对事物获得的印象，就像有棱角的硬物放在蜡版上所留下的印记。随着时间的推移，这种印象将淡化，直到完全消失。就像蜡版表面逐渐恢复光滑一样，

"光滑的蜡版"相当于完全的遗忘[1]。

（一）陌生人与熟人

有人将"记忆"解释为，记忆是对输入信息的编码、存储和提取的过程。只有经过编码的信息才能被记住，编码是对已输入的信息进行加工，编码是整个记忆过程的关键环节。可以把记忆理解为信息编码输入、存储、提取。

现实生活中，我们经常会遇到这样的事情，当你见过某个人，你的眼睛会把这个人的相貌输入到头脑中，存储下来，换一个时间地点，你再见到这个人，眼睛看到他的相貌，你会在头脑的存储里面搜索，如果搜索提取到之前存储的这个人的相貌，那么这个人是你见过的、你认识的熟人。

如果经过搜索没有找到，没办法从头脑里面提取过去存储的这个人的相貌，那这个人就是第一次见面的陌生人，也有可能是你之前见过他，但他的相貌存储在你头脑里面的数据丢失找不到了。可能因为各种原因，虽然你把他的相貌输入并存储到你的头脑里，但是现在通过搜索仍

---

[1] [古希腊]柏拉图：《泰阿泰德》，商务印书馆2018年版。

然无法提取，那他就是陌生人。如果能提取到，那他就是熟人。

这个例子可以让我们很快地理解记忆的基本过程。你在读书的时候，眼睛识别的文字组合代表知识，将知识输入到头脑并通过处理存储起来，当要用到的时候再从头脑里面搜索，把存储的知识提取出来应用，这和判断是陌生人还是熟人的过程一样。提取知识时，一般会有两种可能，第一种是之前没有做过输入存储，那用的时候肯定提取不到；第二种是之前有过输入存储，但是搜索提取的时候找不到，那就是忘记了。

（二）四种记忆

按照记忆的内容，可以将其分成四种：

第一种是形象记忆。人体感官感知过的事物形象为内容的记忆，称为形象记忆。各种各样的形象，可以是眼睛看到的，可以是耳朵听到的，也可以是鼻子嗅到的，身体触到的，舌头感觉到的，它由人体感官从外界收集信息并保存起来。

第二种是情绪记忆。当我们体验过某种情绪或者某种情感，将情绪情感的体验存储下来，称为情绪记忆。相识相处过的人，经历过的各种事情，在山川河流自然环境中的经历，对应产生的情绪会被存储下来，在某种情况下能够被提取出来。

第三种是逻辑记忆。这是抽象的、以概念或命题等进行的，主要是以抽象出来的符号或者逻辑思维作为概括性的、逻辑性的内容存储，称为逻辑记忆。

第四种是运动记忆。这是身体的体验，在完成若干动作的过程中对身体感觉的存储。例如，参与的各种运动，自行车、游泳等，身体的神经、肌肉与骨骼协调完成若干动作，都会存储对应的痕迹，称为运动记忆。

另外，记忆对应的是遗忘，遗忘有规律，感兴趣的可以了解德国心理学家艾宾浩斯提出的"遗忘曲线"。

（三）输入类型

有研究提出，人可以分为不同的输入类型，有人是视觉输入型，有人是听觉输入型，有人是运动输入型，还有人是混合输入型。

视觉输入型的人，阅读记忆的能力比较强，不管是看书或者看图画、视频，视觉的输入最具有优势。

听觉输入型的人，听别人讲话时他的记忆更有优势，阅读记忆不如听声音记忆。

运动输入型的人，在读书的时候，不但要用眼睛去看，还应该放一点音乐听，如果手拿着笔，一边读，一边抄写，记忆效果更好。或者，运动输入型的人在听书的时候，应该跑步做运动，关键是身体要动起来。

混合输入型的人，是指有的人是视觉、声音、运动混合输入的记忆效果最好。

每个人要观察自己属于哪一种输入类型，发现适合自己的输入类型，选择效果最好的记忆输入类型，如果选择了匹配的输入类型，记忆的效果就好，如果选择了不匹配的输入类型，记忆的效果就不好。

理解记忆的基本过程，了解记忆类型，了解遗忘的道理，以及输入与记忆的关系，对大多数人就够用了。

对记忆有所认识，有助于理解读书的时候怎么记得住，记得牢，记得久。

三、反向思考

读书为什么记不住呢？

我们需要反向思考。

（一）反向思考

读书记住很重要，反向思考可以让我们明白为什么记不住。

查理·芒格说："反过来想，总是反过来想"。他认为反向思考有利于理解事物的本质，能帮助解决问题。

"司马光砸缸"是一个反向思考的例子。如果一个人落水，我们救落水者的方法是把落水者从水里面拉出来，是让人离开水。但司马光与我们通常的做法是相反的，他是把水缸砸破，让水流出去，让水离开人。

注意区别，通常是让人离开水，而司马光是让水离开人。

如果你读过张宏杰写的《曾国藩传》，那你应该对曾国藩的反向思考有印象。曾国藩在创建湘军的时候，并没有想怎样才能使湘军有战斗力，而是反向思考绿营兵为什么没有战斗力？曾国藩反向思考得出一个结论：绿营兵没有战斗力的原因在制度缺陷上。通过反向思考，他找到了绿营失败的原因，在创建湘军的时候做出了改变。曾国藩非常重视制度建设，重视用制度解决问题，最终湘军打败了太平军。

（二）为何有些事忘不掉

反向思考，为何有些事情想忘都难？

就是说，哪些事情想忘记都做不到？

要问自己什么事情忘不掉，不是要问自己如何牢牢记住。反向思考，从忘不掉入手，你可以回顾自己的人生经历，是不是有五个忘不掉？

第一个忘不掉，最刺激。你经历过最刺激的事情通常会记忆深刻，忘不掉。例如，有人第一次坐过山车，那种刺激让他记在头脑中忘不掉。有人对我说，他最难忘的事是骑摩托车摔断胳膊，恢复了几个月，那是他人生最难忘的事情。最刺激的记忆，是忘不掉的。

第二个忘不掉，最喜欢。最喜欢的事，也是忘不掉的。一个人特别喜欢旅行，他能把自己的旅行经历给你清清楚楚地讲一遍，不会忘掉任何一个细节。因为他喜欢旅行，在旅行的过程中非常投入，旅行的所有经历都印刻在他的头脑中。因为特别喜欢，他经常回想、还原旅行的那些场景，记忆越来越深刻，时间虽久却依然清晰。他不但随时能想起，而且能把所有的细节都想起来。为什么他能够牢牢记住？因为最喜欢。

第三个忘不掉，最特别。你从来没有想到的事情，特别的亲身经历，就能留下难以磨灭的记忆。每个人都有一些经历是特别的，会牢牢记住忘不掉。我第一次去香港的迪士尼乐园，经历了前所未有的特别体验，之前看过迪士尼的动画，也读过迪士尼故事书，但是纸上、画面上的感受和身临其境感受迪士尼乐园的特别体验是不一样的。20年过去了，在香港迪士尼乐园的特别体验给我留下的记忆，至今都非常清晰。

第四个忘不掉，最投入。你最投入的事情也能让你永久难忘。在做一件事的时候，全身心地投入，眼睛在看，耳朵在听，鼻子在嗅，身体在感觉……例如，海上冲浪，潜水，跳伞。如果是最投入的，就都能给你留下深刻记忆，时间再久也不会忘记。想想你曾经最投入的事情，例如，你考取的资格证书，你拿到的一个学位，你参加的一次竞技比赛，只要是你全身心投入的事情，就能让你忘不掉。

第五个忘不掉，反复刺激。长时间的反复刺激，也能让你忘不掉。在长期生活的环境中，因为你每天都在重复做一些事情，某些东西就会成为你记忆的一部分，深深地植入你的头脑，不论你喜欢不喜欢，长期的重复刺激，就会使那些东西再也忘不掉，或者说头脑适应了，在接受反复刺激的过程中不断地强化巩固，变成一个长期的记忆，成为头脑的一部分。

（三）忘不掉的三个做法

读到这里，五个忘不掉是不是对你有点启发？

反向思考怎么忘不掉，想忘都忘不掉，是不是就知道怎么能够记得住，记得牢，记得久。

按反向思考的推理，从自己的经历中找出忘不掉的五类事情，就可以提炼出怎么能够记得住。

第一是强烈的刺激，读书时可以主动设计一些强烈的刺激，例如，读历史事件，可以找一些纪录片，通过视觉画面提高记忆效果；可以找一些相关的战争片强化刺激，让你对这个事情记得住，记得牢，记得久。可以多思考五个忘不掉，从五个忘不掉上找切入点。

第二是反复的刺激，心理学家艾宾浩斯指出，反复的刺激能记得久。读一本书，选出一句话，早晚各朗读或默诵20遍，如此坚持三个月，坚持半年。你试试，通过这种反复刺激，你就能牢牢记住。

第三是建立条件反射,给自己定一个必须遵守的规则,规定看到一个信号,就必须做出一个动作。例如,规定自己乘坐地铁,就要从手机的电子书上选一句话,十分钟内默诵并反复思考。用这种方法练习,长期坚持就能建立条件反射。

建立条件反射的练习要做好两点:

一是做这个事情的时候不要去想,要马上就做,不给自己思考的时间。想到就马上去做,想到就立即动手,不让自己有时间犹豫,就不会拖延。

二是给自己一个暗示或者善意的谎言,比如,我做完再休息,是现在坚持先把这件事情做完,然后就可以休息。千万不要说我先休息,明天再做,而是暗示自己现在先把这件事情做完,然后去休息,坚持做完就有足够的休息时间,可以安心地去休息。

四、学以致改一句话

(一)什么是学以致改一句话

学以致改一句话包括三点:1. 理解一句话;2. 记住一句话;3. 用好一句话。

"同读一本书"规定四周时间完成四个思考题，总共有24个思考题。24个思考题是将书中要点以提问的方式，把参加者的注意力引导到思考题所对应的知识点，找出作者的观点并结合自己的思考回答。

读者也可以在书上找自己感兴趣的、有启发的，或者能够帮助自己解决问题的一句话，把这些话摘录下来，我们将其称为金句摘录或者一句话摘录。刚才说的24个思考题，也可以替换为整理出24个金句。从这些金句里面选择一句话，注意，只选择一句你最感兴趣的，或者你认为对自己最重要的。

完成选择之后，你要反复思考作者的本意是什么？对自己的理解要有把握。可以看一看别人怎么理解，可以和别人讨论。结合自己的经历和别人的经历验证。当对这句话的理解有把握的时候，牢牢记住这句话。通过抄写、朗读或默诵，把这句话牢牢记住。可以每天早晨起来大声朗读若干遍，晚上睡觉之前抄写若干遍。把这句话反复练习到不用回忆，随时能想到的程度。

到这里还不够，你要每天一有空就把这句话拿出来反复揣摩。就是把这句话逐字逐词地解读，用这句话的道理来验证你过去的经历，找出哪些事情符合这句话讲的。如此反复练习，你对这句话会越来越熟悉，你的理解会越来越深刻。到这里还不够，每天你都会遇到一些问题，要拿这句话来做判断，看这句话能不能应用。试一试，能不能用这句话解决问题。如果能用，那就去用。回过头来，还要分析在用的过程中，哪里用得好，哪里用得有问题，哪里可以改进。

在熟练应用这句话的基础上，还可以举一反三，使这句话运用得更灵活，让这一句话的效果更好。

当年，我读曾国藩的书，理解、记住、用好的一句话是"让利与人"。刚开始，我对这句话的理解比较肤浅，随着反复思考、使用、揣摩，我的理解越来越深刻。到某一天我就明白了，因为每个人活着就要消耗物资，"利"是每个人必需的。我过去受到的教育强调无私奉献，因此头脑中固化的观念影响了如何正确处理人际关系。看到胡林翼和曾国藩对"让利与人"的不同做法：胡大度，保荐很多人；曾谨慎，极少保荐人，曾的追随者就有怨言，想去投奔胡。

（二）注意力有限

硅谷风险投资人吴军博士说，很多人喜欢同时做很多事情（多任务同时处理），他在《麻省理工科技评论》中读过一篇文章，人脑的带宽只有 60 比特/秒，对于人脑带宽的最高估计，不过每秒上千比特，照这个速度传一张手机图片，大约需要一个小时。多任务并行就是一心多用，不仅不能多做事情，反而会因为来回切换任务而降低工作效率，导致错误不断。

吴军博士讲的"成功的人是好多事不去做的，就集中精力做好那么一两件事"和彼得·德鲁克讲的"一次只做一件事"是一致的。

如果你看过马戏团的演出，或许你对表演接瓶子的小丑有印象。打扮得花花绿绿的滑稽小丑站在舞台中央，手里拿着瓶子抛向空中再接住，瓶子越来越多，速度越来越快……

但这只是表演。你想想，空中飞来飞去的瓶子就好比是你面对的事情，你的注意力分散在所有的瓶子上，随着瓶子越来越多，你的专注率越来越低，要想百无一失，这在现实生活中是难以完成的任务。

当理解一个人的注意力有限，再回想自己的经历，就能彻底明白"学以致改一句话"的道理。

记住长篇大论确实困难,那就换个做法,一本书只记住一句话。

(三)少则得,多则惑

这句"学以致改一句话",可以是一个观点,一个道理,或者一个方法,一个技能。

老子说:"少则得,多则惑。"

有人觉得读一本书就理解、记住、用好一句话,是不是太少?我的回答是,对大多数人够用了。

可以这样去想,读一本书什么都没记住好?还是读一本书理解、记住、用好一句话好?

前者读了和没读没有区别,因为没记住就不会去用。后者虽然给人的感觉好像过于简单,但实用而且效果好。

读一本书理解、记住、用好一句话,你会更专注。因为目标是"一句话",你就没有压力,没有压力你会放松,放松后读书的效果会更好。一本书记住一句话,你有足够的注意力、时间、精力、能力,去正确理解这一句话。

你如果正确理解、记住并用好一句话,那你一定要反复应用,要用这句话解决问题,拿到结果。这对读书是非常重要的,你拿到结果的同时还能建立自信,通过这件事相信自己读书是有用的。

通过读书解决问题,拿到结果,这对每一个人来讲都是非常重要的,如果一个人不能做成几件事,他就没法建立自信。爱上阅读,学习知识再反复运用,人生会因为这一个小小的变化带来巨大的改变。

"少则得,多则惑"和"学以致改一句话"的道理相通。

选一句话,理解、记住并用好是把书上的理论原则化,用一句话指导你做事就是在用理论指导你做事。遇到一个问题,可能有若干选择,用一句话指导,作出判断、决定怎么选择的这个过程就是原则的应用。

相信并坚持读书学以致改一句话,错误的改正,做对的改进,如此长期坚持,你的生活就会越来越好。

五、反复阅读

(一)反复阅读,念念不忘

一句话,如何才能时刻记得?

反复阅读,念念不忘。

比尔·盖茨说:"真正的财富=观念+时间。"

如果你对财富特别感兴趣,那你就将这句话反复阅读,以达到念念不忘。反复阅读几十遍,上百遍,甚至上千遍。可能突然之间你就能彻底明白盖茨要表达什么。

通过这一句话,比尔·盖茨告诉你,真正的财富不是金钱,而是你对世界的理解,是正确的观念。你有正确的观念才能做出正确的判断选择,再加上适合的时机和耐心等待的时间。

"真正的财富=观念+时间"可以这样理解:真正的财富不是金钱,是获得财富的观念与时间,是你对世界的理解。时间包括时机和等待时机用的时间,是你的理解在特定时空的表达。

比尔·盖茨的这一句话初看简单,很多人看到也不会重视,但如果你反复阅读,念念不忘,你就会在这一句话里发现新世界。

以下是我总结的一段话:

当你出生,来到这个世界,这就意味着你参与人类文明的财富游戏。你首先要学习理解财富游戏的规则;其次要反复练习财富游戏获胜必需的知识技能,为了胜利你还需要购买装备，以及与其他人联盟，结成利益团队；最后，你要遵守财富游戏规则，善用财富游戏规则，你才能在人类文明的财富游戏中不断地获胜。

这段话是我在常识讲座中说的，很多人对这段话感兴趣。和比尔·盖茨的那句话一样，如果你一眼看过，可能并没有真正地理解这段话要揭示的真相。如果你非常强烈地想要理解这个世界的财富游戏，同时有足够的耐心，那你就应该把这段话不厌其烦地默诵若干遍。

这段话大概的意思是，所有人到这个世界上，就必须面对人类文明的财富游戏，不论你是否喜欢、是否理解。如果你没有学习理解财富游戏的规则，那你不可能在游戏里面拿到你想要的结果，你只是在碰运气，但怎么可能有那么多的好运气。同时这段话说明，你要反复练习财富游戏取胜的知识技能，还要有装备，还要和别人联盟。其中，非常重要的就是你首先要理解规则，而且要善用规则，这样你才有可能在财富游戏竞争中不断获胜。这一段话不算复杂，但是把一个人要不要参与财富游戏，怎么参与，必须做到什么，都说得很清楚。如果你对财富特别感兴趣，请把这段话反复阅读，它一定会给你带来非常有价值的启发,指导你如何行动。

戴尔·卡耐基《人性的弱点》[①] "自序"中有一段话：无论是工程、会计、建筑还是其他需要技术能力的行业，专业人才只要有过硬的技术就能找到工作。但想要拿到高薪，他们必须在专业技能之外还具备表达能力、领导能力和激发他人工作热情的能力。

你反复阅读这段话，就能理解戴尔·卡耐基的意思：作为一个专业人才，有过硬的专业技术，很容易找到工作，但你想拿到更高的收入，光有过硬的专业技术是不行的。你在专业技术之外，必须要有超过大多数人的表达能力、领导能力和激发他人工作热情的能力。很多人都认为，只要自己具备专业技术就可以有收入，从而忽视了与人打交道的能力。如果你相信戴尔·卡耐基，那你就应该相信他讲的道理。当你反复阅读这段话时，你就能真正理解戴尔·卡耐基讲的这个重要道理。

大多数人都是普通人，我们要承认自己不是天才，如果是天才，可能不学就会，或者看一遍就懂。但我们普通

---

① [美]戴尔·卡耐基:《人性的弱点》，陶矇译，天津人民出版社2014年版。

人一定要反复阅读，念念不忘，才可能在用的时候记得。

反复阅读，看起来简单，但这是有效的方法。

反复阅读是打开智慧之门的钥匙，普通人和杰出人物建立认知连接的秘诀就是反复阅读。

（二）念念不忘是专注

念头，是瞬间的想法，可以理解为你的注意力。

你的注意力在哪里，你就能看见哪里。

念头一直在哪里，哪里就能刻骨铭心，你就能对哪里极为敏感，就能建立条件反射，成为本能反应。

例如，两个人面对面说话，你快速举手打对方，对方立刻闭眼，这是一个人的本能反应，是不用思考的条件反射。

为什么要强调反复阅读，念念不忘？

因为读书念念不忘非常重要。念念不忘说的念头是你瞬间的想法，是你的注意力。你的注意力在哪里，你就能看见哪里。如果你的注意力没在那里，你就对那里视而不见。不知道你有没有下雨天在高速公路开车的经历，下雨天你会看到路边的路牌上面写着"雨天路滑请慢行"，如果是阳光灿烂的日子开车，你能看到路牌上面的提醒吗？

大多数人是看不到的。

当年，康熙皇帝担心自己记不住要办的三件大事，就把三藩、河务、漕运三件大事"书而悬之宫柱之上"，这样一来，自己上朝一眼就能看到，康熙皇帝通过这个方法提醒自己，以求念念不忘。每天看到写在纸上的三件大事，他就不会忘记这三件大事，而且还可以刺激他反复思考如何将这三件事办好。

读书选中一句话，反复阅读，注意力就能集中在这句话上。念念不忘，就能刻骨铭心，让你特别敏感，建立条件反射。这样一来，你一定能记住，习惯用。

如果你读书记不住，可以向康熙皇帝学习，把你选中的一句话，做成手机墙纸，每次用手机的时候都能看到，以此来提醒自己：专注一句话，念念不忘。

（三）反复阅读成习惯

俗话说：拳不离手，曲不离口。

练拳讲究夏练三伏，冬练三九，一年四季，每天一有空就练，反复练。这和读书反复阅读的道理一样。

唱戏讲究曲不离口，每天早上要吊嗓子练基本功，每天晚上也要练，一有空就练，随时随地练。

这启发我们读书也要尽可能做到，一年四季有空就读，反复阅读。

叶圣陶先生说：教育就是习惯的培养。

哲学家培根说：习惯真是一种顽强而巨大的力量，他可以主宰人生，因此人自幼就应该通过完善的教育去建立一种良好的习惯。

反复阅读是一个好的读书习惯，当你习惯反复阅读一本经典之作，那你一定能不断地有所收获。

六、反复思考

曾国藩立志要做圣人，立德、立言、立功"三不朽"。他给自己定了12条规矩，其中一条是"早起"，要求自己黎明即起，醒后勿沾恋。

看到这里，大多数人会反复思考：早起重要吗？曾国藩为什么如此重视早起？而且他为何用早起给李鸿章治懒病？

如果按"是什么？为什么？怎么做？"这三点框架去思考：曾国藩的早起是什么？他为什么重视早起？他又是怎么早起的？反复思考早起的这三个问题，你将收获受益一生的价值。

其一,通过反复思考,深刻理解早起是什么,为什么,怎么做;

其二,反复思考就能牢牢记住;

其三,通过反复思考曾国藩的早起,掌握一个实用的读书方法,读书有方法效果会更好。

(一)反复思考"早起"

在这里以曾国藩的早起为例,反复思考早起。彻底想清楚,自然就把其中的道理方法记住了。

早起是定规矩,守规矩。曾国藩规定自己天不亮起床,自己定规矩,自己守规矩。每天在规定的时间起床,作息有规律而且能做到,这是曾国藩的自律能力,即理性自我约束。

早起能克服人性的懒惰。为什么特别重视早起,因为睡到早晨规定的起床时间,人往往是不愿意起床的,每个人都有体会:没有睡到自然醒,就会赖在床上,不愿意起床。继续睡觉的诱惑非常大,大多数人很难抵御这种赖在床上再睡一会儿的诱惑。早起的本质是克服人性的懒惰。

曾国藩提出早起是"醒即起,不拖延"。你醒过来马上就起床，不赖在床上，做到起床不拖延。那早起就是训练一个人行动力的好方法。

如果每天早上，你和人性的懒惰做斗争时都能获胜，那你的行动力就在不断地锻炼提高。每天早上都能战胜人性的懒惰早起，你在日常生活中自然就不会懒惰拖延。当你战胜懒惰的能力比大多数人都强时，你就是一个勤奋的人。

俗话说"一生之计在于勤，一年之计在于春，一日之计在于晨"，养成早起的好习惯，对每个人都是重要的。

经过反复思考，对早起有更深刻的理解后，必然有助于记忆，同时有助于应用。

（二）荣耀与痛苦

读杰出人物的著作与传记时，可以试试了解他们的荣耀与痛苦，列出并梳理对比，融入你的记忆，成为你的数据库。

一个人的头脑中有两条主线并行：

一条主线，荣耀；

一条主线，痛苦。

在读书的时候反复思考，理解杰出人物荣耀的那一条主线和痛苦的那一条主线，将这些融入自己的记忆，成为你数据库的一部分。

你可以反复思考他们的想象力。

他们做事的动机是什么？他们读书的动机是什么？他们获取财富的动机是什么？他们帮助别人的动机是什么？

杰出人物都有哪些想法？哪些是贯穿其一生的想法？

杰出人物最擅长或者最习惯的做法有哪些？

杰出人物的想法和他的做法最后的结果是什么？

想法，做法，结果，是一致的吗？还是想法，做法，结果是不一致的？其中的差距是什么？

他们的一生都有哪些值得反复思考的荣耀与痛苦？

当你把杰出人物的这些关键点反复思考，不断对比，并且用他们的关键点梳理自己的关键点，用多位杰出人物的关键点建立一个资料库，从资料库中找到规律。那你就能知道你应该怎么做，从哪里开始做，你可能遇到哪些困难，应该如何模仿杰出人物，如何克服困难，解决问题。

你能做到对自己感兴趣的与理性关注的事情念念不忘，用好荣耀与痛苦两条主线，你自然就能记住书中的内容，在需要的时候就能马上想起来。

所有想要活出精彩的人，都要经历神话学大师约瑟夫·坎贝尔说的英雄之旅，接受召唤，迎接挑战，突破自我，完成使命，获得圆满。

（三）反复思考是灵感的基础

反复思考是读书时迸发灵感的基础，如果没有反复思考，一般情况下，灵感不可能出现。当然，这不包括天才。

因此读书需要反复思考，努力把握一闪而过的灵感，那是你认知上的一个飞跃。

同时，要把你反复思考想到的每次都做记录。记录下来是有用的，你第一次思考的记录，和第二次思考的记录、第三次思考的记录，可以进行比较。在比较中，你就会发现问题，会发现哪些想法好，哪些是你之前没想到的。当你能看到你之前看不到的，能想到你之前没有想到的，这就是一个突破，是非常有价值的进步。

还有，要把反复思考的记录定期进行整理。简单说，就是整理再整理。每次的整理结合自己的思考，在整理的过程中又能发现新的东西，这就有温故而知新的感觉。

《道德经》说："天下之难事必作于易，天下之大事必作于细"。有一年，我每天一有空闲时间就反复思考这两句话。反复思考的过程中联系到自己的经历，特别是经历中各种有代表性的事情，思考越多，结合具体事例越多，自己的领悟就越深刻。

反复思考这两句话，我更加准确地理解了这两句话包含的深刻思想。同时，我也在这两句话的基础上提炼出了"易细多长"四字方针，学会了如何理解应用"分段治事"。

可以读一本书时反复思考，也可以选书上的一段话、一句话反复思考。如果没有对《道德经》"天下之难事必作于易，天下之大事必作于细"的反复思考，我是总结不出"易细多长"四字方针的。

七、反复应用

（一）一有机会就用

彼得·德鲁克在《卓有成效的管理者》中指出：管理者的工作必须卓有成效。一次只做一件事，而且是最重要的事。这是"要事优先"原则。

他认为重要的是"专注"。应该把重要的事情放在第一位，而且一次只做一件事。一次只做一件事，意味着迅速完成任务；越迅速完成任务，越能够集中时间、心力和资源，实际完成的任务就越多、越多元。

在常识讲座中，我给听众分析过：如果你有 100 件事情要做，一次只做一件事，完成一件还有 99 件，再完成一件事还有 98 件……没有做的事情会越来越少。但往往大家习惯同时做几件事，结果几件事都没有做好，100 件事情变成 101 件事、103 件事情，甚至更多。因为一件事情没有做好，100 件事情拖一拖就会变成 103 件事情……越拖越多。

记住：一次只做一件事，优先做重要的事。这是一个原则。

当年，我读了《卓有成效的管理者》，反复思考"一次只做一件事"这句话后，决心用好这句话。

为了用好这句话，我早晚默诵这句话若干遍。你是不是感觉这样很笨？我从来不觉得这样笨。从不知道到深刻理解，从不会到熟练掌握，就是要空杯，就是要反复思考、反复练习、反复应用。这个做法似乎"笨"，但却是有效的方法，你是要结果还是在乎看起来"笨"？这样一想你是不是就恍然大悟了。

有多半年的时间，每天一有空，我就把这句话联系实际，反复思考现在在做的事，也思考过去的经历，过去做得好的，是不是符合这句话？过去没有做好的，是不是违背这句话？我越想越明白，我的思路越来越清楚，我将这句话牢记在心，内化成我本能的习惯，每天安排事情之前，我就自然想到，我是不是一次只做一件事？

要养成习惯，就得要求自己一有机会就用。自己做计划时候用，和别人商量事情时候用，读书学习都要用。在工作上反复应用，生活中反复应用，越用记忆越深刻，越用理解越深刻，即刺激（S）和反应（R）的S-R公式[①]。

过去二十年，我反复应用"一次只做一件事"，它逐渐成为我的习惯，我也借此受益良多。

---

① 华生认为，行为是有机体适应环境的全部活动。为了便于对行为进行客观的实验研究，他把行为和引起行为的环境影响分析为两个简单的要素，即刺激（S）和反应（R）。刺激是指引起有机体行为的外部或内部的变化；而反应则是构成行为最基本成分的肌肉收缩和腺体分泌。研究的目的就在于确定刺激和反应之间的规律，以便人们在已知刺激后，能预测将会发生怎样的反应，或者已知反应后，能够指出有效刺激的性质，从而建立了著名的S-R公式。

（二）应用是记忆的好方法

1. 应用是亲身经历

怎么才能记得住？要想记得牢、记得久一个道理或方法，反复应用、深化记忆是一个好办法。反复应用得到的是亲身经历后的记忆，一个人在某个环境里面有过经历和没有过经历对记忆的刺激是不同的。有了对应的环境刺激，能更好地记住。比方说，一个人从来没有去过日本东京，他听过很多人的介绍，看过有关东京的电影，读过有关东京的书，不管是别人说、电影、小说、游记等，他都没有身在东京的环境中。等他到东京游览，有了亲身经历，有在东京现实环境中的体验，他头脑中对东京的记忆会更深刻，同时他能更容易把各种信息联系成一个整体的记忆。

2. 隐性知识让记忆更深刻

反复应用能够获得隐性知识，当你有了大量的隐性知识，有了全方位、更细致、更深入的理解，那你对此的记忆就会更深刻。反复应用，不断获得更多的隐性知识，不断验证已有的知识，不断更新知识，在这个过程中不断重复刺激，你就会有各种新的理解，进而拥有不同的认知体验。隐性知识可以让你的记忆更加深刻。

3. 全身心浸入才能记忆长久

如果读书不去应用或者没有反复应用,那就难以做到全身心浸入。这就像一个人站在河边和整个身体浸入河水之中,身体的记忆是大不一样的。

如果能够做到反复应用,就能够通过全身心浸入把知识记住、记牢、记久。反复应用带来的刺激和没有反复应用本质上不一样,要达到深刻记忆,不但需要强烈的刺激,而且需要反复的刺激,这样才能有特别的体验,进而将之固化为长期的记忆。

你当然也可以反向思考,如果读书从来不用会怎么样?

肯定是记忆越来越模糊,最后彻底忘记。

有一种关于记忆清理的说法:大脑认为不重要的记忆,会改变其存储的位置,会改变其提取方式。假如一个人非常喜欢读书,读过很多书,但是他读书从来不用,那就谈不上反复应用,这样一来,他的记忆肯定是越来越模糊,最后他可能彻底忘记。因为人脑不会把所有的信息都存储起来,它会通过忘记来清理一些少用或长期不用的。如果你长期不用,大脑会做出一个判断,认为这些信息不重要,进而清理掉这些记忆。

（三）应用是有效的记忆

"熟能生巧"就是说要反复应用，熟练后能掌握技巧、找到窍门和好办法。

宋朝欧阳修的《归田录》有个卖油翁的故事，说有一个人箭术精良，没有人比得上，因此他经常炫耀自己本领高强。一天他拉弓射箭，每一次都能正中靶心，围观的人都拍手叫好，此时有一个卖油的老翁路过，卖油的老翁只是微微点头，没有拍手叫好。射箭的师傅很不高兴，问卖油的老翁："你这个老头也懂射箭吗？"卖油老翁说："射箭的本领我不会，不过让我倒油给你瞧瞧。"老翁随手拿了一个葫芦放在地上，在葫芦口上放了一枚有孔的铜钱，然后舀了一勺油，把这个勺子轻轻一斜，那些油就如同一条细线，笔直地穿过铜钱孔，过入葫芦。之后射箭师傅拿起铜钱仔细看，没有一点点油沾到铜钱。卖油老翁给射箭师傅说："我没有什么技巧，不过是练习熟练了而已。"这个故事的道理就是反复应用，熟练应用能够让你记得住、记得牢、记得久。

拿我的经验来说，因为读书学了德鲁克的"记录并检查记录"，所以我把这句话反复应用，时间久了它就成为了我自己本能的习惯，当我做计划、安排事情的时候，我马上就会想到自己有没有遵守这个原则，或者说自己有没有违反这个原则？

我已经把"记录并检查记录"原则融入我的思维，它已经成为成为我生命的一部分。不论是在学习上、工作上还是在日常生活中，我都会本能地应用"记录并检查记录"，它给我带来了非常多的价值。

安排物品储藏的时候，我会把常用的东西放在最显眼的地方，把不常用的东西放在储物柜里面或者放在储藏室。如果一年只用一次，那你就不会把它放在桌上，因为它的使用率不高，放在桌上会占用有限的空间，通常，我们肯定是把经常要用到的放在桌上，把一年只用一次的放在储藏室。同样的道理，如果你学到的知识没有反复应用，你就会慢慢地生疏，记忆就会越来越模糊，到某一天就再也想不起来。

反复应用是有效的记忆，是将读书所学与你融为一体。你读过的书、吃过的面包、喝过的红酒都将成为你的血液与身体。

第六章　读书的学以致改

> 剧院、文学、艺术表达，不代表它自己的时代，是没有意义的。
>
> ——达里奥·福

这是读书七讲的第六部分，原来的题目为"改"。

"学以致改"是为了突出"改"字。"用"和"改"只有一字之差，意义却是不一样的。"改"有"改正和改进"的意思，强调"改正错误"与"改进得更好"。

一个人有错误不可怕，因为每一个人或多或少都会犯错，可怕的是不知道自己需要改正错误，不知道自己非常满意的想法或做法可以改进到更好。

读书学以致改，正如赫伯特·斯宾塞说的：教育的最大目的并非是增进知识，而是增进行动。

一、知道不等于做到

（一）错觉，误以为知道等于做到

很多时候，总有一些人读书会有错觉。

什么样的错觉？就是读书看到一个道理方法，立刻觉得自己已经学会了。一看就觉得已经学会，这是读书常见的一个错觉。

就像你坐在行驶的高铁上，车窗外的树木一晃而过，你以为树木在移动，那是错觉。

阅读一本书，看到的道理方法可以说是你思考的一部分，可这并不等于你已经真正掌握并能够做到。

但有一些人在这个点上最容易产生错觉，读书看到作者的观点，立刻觉得自己全部知道，全部掌握。

有意思的是他们从来不觉得这是自己的错觉，他们非常自信自己读书已经拿到结果。

结果是什么？

是错觉。

（二）知道与做到的区别是有没有结果

我的看法是：知道与做到的区别是有没有结果。

一个人可以读很多书，可以知道很多道理，与别人聊天可以滔滔不绝，也可以写文章写书，可以去给别人讲。重要的是看能不能实现想法，拿到结果，比方说自己做事拿到结果后给别人讲，别人按照他讲的道理方法同样拿到了结果。如果一个人知道的很多，但是自己做事没有拿到结果，指导别人做事同样也不会拿到结果，这就是知道和做到基本的区别，同时也是重要的区别。

理解知道不等于做到，这对读书以及我们的人生会有一个重要的启发，那就是要把注意力从知道转移到做到。

读书不止是为了知道，知道只是一个开始，知道不是读书的重点。读书的重点是知道以后去行动，最终要做到，而且是持续地做到，或者说不断地从知道再到做到。

你知道了一个道理就去用，用了以后，你可能会发现问题，然后针对问题解决问题，不断努力最终做到，拿到你要的结果。这个过程才是从知道到做到，一些人读书会产生错觉，把知道误当作做到。但我们应该明白，读书不是你阅读之后就等于做到，阅读只是开始。

（三）隔着太平洋

知道和做到中间隔着太平洋。

我对知道与做到同样有过错觉，但我在总结自己的问题的时候很快就发现了，然后立即行动去改正了。

我观察到一些人在这个问题上长期没有醒悟，当有人给他指出时，他也没有认真地去思考别人的建议，没有理解知道与做到不是一回事。

不理解知道和做到中间"隔着太平洋"的人，在读书的实践应用上，解决问题拿到结果上始终都不会顺利。原因之一就是他们一直有错觉，把知道当作做到。

在我把知道到做到之间的差距比喻为中间隔着太平洋，听到的人都哈哈大笑。

一部分人听懂了，相信了，他以后会在这个问题上提醒自己，不要再犯把知道等同于做到的错误。

理解的人会经常提醒自己，既然是隔着太平洋，那就是要经过一个长距离的、艰苦的过程，而不是像一个小水渠，抬脚跨步就能过去。

既然是太平洋，游过去是不可能的，想过去，要么坐船要么坐飞机。这样也会启发理解的人，怎么从知道到做到？除了自己的努力，是不是还应该借助一些工具，让自己更好更快地实现从太平洋的这一端到太平洋的另一端。

（四）除了天才，不可能一读就会

20多年前，我非常渴望学到各种知识，可受自己当时的条件所限，我唯一能做的就是读书。

当年的互联网没有今天这么便捷，网络上也没有丰富的学习资源，选择读书是基于当时的环境。如果让我现在重新选择如何学习，那读书只是学习方式的一种，一定不是全部。我会继续读书学习，也会借助网络工具，从网络资源中搜索符合自己需要的，用网络获得更好的知识。这是要特别提醒各位的一点。

一读就会是错觉，为什么我要特别强调这个？因为我想和各位达成一个共识，即知道不等于做到。我见过一些热爱读书的人都在犯这个错误，他们忘记思考作者之前做过什么，是如何理解掌握并且做到的。一个奥运冠军在比赛中正常发挥，拿到了金牌，大多数人只看到他荣耀的一刻，却没有想过他背后都做了什么？我想他至少需要大量的时间，对项目的专注，努力的训练，教练的指导，周围人的鼓励，自我激励以及物质上的支持。

写到这里我又想到赵括，不知道他当时熟读兵书，是不是也有一种错觉，是不是也对知道不等于做到有误解。当年，赵括会不会读了兵书，立刻觉得自己就是天下第一，自己一定百战百胜？我想有可能。他自幼熟读兵书，和父亲赵奢辩论的时候把父亲说得哑口无言。想想那一刻，赵括一定是充满自信的，他相信自己不但知道，而且能做到所有的事情，然后他便进入一种自我满足且高度自信的状态。

在我们这些普通人之中，存在读几本创业的书就相信自己能创业成功的人，这些人和赵括熟读兵书就觉得自己天下无敌的道理是一样的。

很多时候，同样的道理我们可能在这一件事情上是清醒的，但在另一件事情上就会犯糊涂。一个人知道，如果自己不会游泳，读上几本游泳的书就直接跳到深水里面，这会有生命危险。但是在创业上，他真的相信自己读过几本创业的书，就一定能创业成功。他觉得游泳和创业不一样，他不会游泳，读几本游泳的书跳在深水里有危险，但是他第一次创业，他深信不疑：读上几本创业的书就能创业成功。

如果你觉得奇怪，你可以回顾一下自己的经历，也可以看看周围的人，自己或者周围的人有没有一直以为知道就等于做到？

二、改正

读书学以致改，第一是改正。

改，是纠正错误；正，是基准，目标，标准，榜样。

（一）读书从改正开始

改正是从错误到正确，读书能做到从错误到正确才有效。

读书学以致改，从错误到正确。从书上学到的道理方法，要联系个人实际找到自己的错误，然后改正错误，这样读书才是有效的。

如果没有理解书上的道理方法，没有找准自己的错误，就不可能做到从错误到正确，那读书是无效的。

读一本书，当然要正确理解作者的本意。同时有一点非常重要，那就是是否验证过自己想法和做法的对错？

如果读书没有用作者观点验证自己的想法和做法是对是错，那么这本书其实和你没有建立联系，读书并没有产生效果。

既然读书要学以致改，那么读一本书一定要用书中的观点对比自己的思维与行为，根据判断结果确定自己是否要改正，以及具体如何改正。

（二）我怎么知道我是对的

达利欧说："我怎么知道我是对的？"

读过《原则》的各位，你还记得书上的这句话吗？

每个人都有自己的想法，每个人都应该像达利欧那样，经常反思怎么知道自己的想法是对的。

我怎么知道自己是对的？你当然可以通过做事去验证。除此之外是否可以把杰出人物的想法和做法，拿来和自己的想法和做法进行比较？用杰出人物的想法和做法验证你的想法和做法。方法就是读杰出人物的书，理解他们讲的道理方法，并和自己在用的道理方法进行对比，做出判断。

读书的时候，有"改正"的理念或者说把注意力放在书上，就会容易联系到自己，容易看到自己的问题，也能

第六章 读书的学以致改

用书上的道理方法和自己的想法、做法作比较判断，有针对性地去改正自己的错误，这是读书学以致改的基本方法。例如，读了《曾国藩传》，看到了"早起"，思考自己是不是有拖延症，能不能用"早起"改正自己的拖延症。

读了《原则》，知道作者的想法"我怎么知道我是对的？"就要思考自己有想法时有没有问过自己"我怎么知道我是对的？"如果自己以前每次有想法都会问自己这个问题并由此去验证，那么自己的这个想法和做法就是正确的。如果比较发现自己之前从来没有这样想过，当然也没有这样做过，那这就是自己的错误。你就应该把自己的这个错误记下来，有针对性地改正。今后，每当自己有各种想法的时候，你就要提醒自己思考：我怎么知道我是对的？

读书，如果做不到学以致改，那就是凑个热闹，谈不上读书学习进步。

读书学以致改的前提是找差距，找问题，纠正错误，解决差距。只有找准问题，才能改正错误，只有解决了问题才能进步。例如，曾国藩当年创建湘军之前，他首先找准了绿营的主要问题，有效解决了绿营没有战斗力的问题，这样他才建立起有战斗力的湘军，稳扎稳打，一步步打败太平军。

（三）巴菲特的"改正"

沃伦·巴菲特谈到影响自己最深的人，早期是父亲，后来是本杰明·格雷厄姆。2017年一段采访视频中，巴菲特称父亲是影响自己最深的人，他的父母、偶像从未让他失望，他很幸运。

本杰明·格雷厄姆是犹太人的后裔，他的家庭是18世纪末到美国的移民。巴菲特是格雷厄姆的学生。格雷厄姆与大卫·陶德合著的《有价证券分析》一书在1934年出版，奠定了他"财务分析之父"的地位。在微观基本分析方面，格雷厄姆成为巴菲特、彼得·林奇等人的启蒙老师。

格雷厄姆是巴菲特改正的榜样。巴菲特虔诚地说过："在许多人的罗盘上，格雷厄姆就是到达北极的唯一指标。"[①]通过近距离观察学习、阅读等，巴菲特从格雷厄姆那里学到很多能帮助自己改正错误的知识，因此他才将格雷厄姆视为目标、标准、榜样。

改正就是通过读书，以杰出人物为目标、标准、榜样，

---

① [美]艾丽斯·施罗德：《滚雪球：巴菲特和他的财富人生》，覃扬眉等译，中信出版社2013年版。

通过对比自己的经历，发现问题然后改正错误，从动物本能向人类文明进化。

没有人是完美的，每个人来到这个世界，从开始学说话、学走路，都是一点一点地学习，慢慢掌握必备的能力。当你我面对生活，发现问题、解决问题时，难免会有各种各样的错误，有错误是正常的，我们根本不用为此担心，我们要担心的是怎么能发现自己的错误，同时有勇气面对错误以及改正错误。向杰出人物学习，发现错误以及改正错误，是读书学以致改的价值所在。

除了沃伦·巴菲特，查理·芒格也是读书学以致改的高手。他不停地读书，大量的阅读使他能正视自己的问题，能够通过书向杰出人物学习，因此他才能不断进步。

每一个杰出人物都是读书学以致改的高手，不论是本杰明·富兰克林，还是埃隆·马斯克，他们都能够相信、都能够做到：发现自己的错误并勇敢地改正错误。

当然，也有一些人缺少勇气，不愿意承认自己的错误，他们只会掩饰自己的错误，幻想自己是完美无缺的，不希望别人看到自己的缺点。

这些人如果一直这样，那他们就会浪费时间，失去让自己改正错误、快速成长的好机会。

三、改进

读书学以致改,第二是改进。

改,是纠正错误;进,指前进、进步、提升、靠近、超过,是向前或向上移动、发展。

"改"的第二个意思是改进,"改进"与"改正"的区别在于,改正是你有错误要纠正,改进是你没有错误,但是你可以做得更好。

(一)做得更好

如果你做一件事情,你做得对也做得好,当你读书理解杰出人物的想法和做法,通过对比你可以发现,在现在做得对做得好的基础上,你能够做得更好。

例如,读了《曾国藩传》,你知道曾国藩是用制度解决道德问题,如果你恰好在做管理,你以前用个人关系帮助员工,提高管理效果。当你知道曾国藩的做法,虽然本来你的做法也是对的,做得也好,但你可以学曾国藩用制度解决问题的做法,可以把用个人关系提高管理效果,升级为用制度来提高管理效果。这就是虽然你做得对也做得好，但是通过读书你明白了可以做得更好的道理和方法，这样你就能学以致改，对自己的想法和做法进行改进，让管理效果变得更好。

你做一件事情的做法是正确的，你也可以向杰出人物学习他们更好的想法和做法。你可以分析其中的道理，分析如何借鉴参考，用在自己解决问题上，把你在做的事情进行改进，让事情变得更好。这个过程是不断优化提高的过程，通过改进可以减少多余动作的消耗，提高质量效率，让所做的事情更加完美。

当你的注意力放在"改进"上，你就要反复思考，从书上学到的道理方法：能不能让现在的事情变得更好？

在对的基础上不断优化，追求卓越，追求更加完美。

（二）戴尔·卡耐基的改进

以下摘录自《人性的弱点》自序：

在撰写本书的前期准备中，我阅读了所有与这一课题相关的讨论，包括报刊专栏、杂志文章、家事法庭的案件记录、古代哲学家的文献和现当代心理学家的著作等。此外，我还聘请了一位训练有素的研究员，花一年半的时间专职在各大图书馆阅读我遗漏的知识。我们钻研心理学的渊深著作，查阅上百本期刊文摘，深入研究无数传记，试图借此发掘出从古至今的卓越领导者在人际交往上的独到之处。我们共同研读所有伟人的生平故事，范围从尤利乌斯·恺撒到托马斯·爱迪生，单单是西奥多·罗斯福的传记我们就阅读过上百个版本。我们决心不遗余力地挖掘出古往今来所有结交朋友、影响他人的实践理念。

我个人采访过许多名人雅士，其中不乏举世闻名的各界领袖，其中包括马可尼、爱迪生等发明家，富兰克林·德拉诺·罗斯福、詹姆斯·法雷等政治家，欧文·扬这样的实业家，克拉克·盖博及玛丽·碧克馥等电影明星，以及包括马丁·约翰逊在内的探险家。我试图通过访谈总结出他们为人处世的技巧。

从这两段文字中，我们可以看到两点：

第一点，不是戴尔·卡耐基没有想法和做法，他不仅有想法和做法，而且做得也是正确的，是好的。

第二点，他通过阅读，通过采访去观察、学习、理解、模仿杰出人物的想法和做法，他是在自己已有的想法和做法上进行优化提高，让自己的想法和做法更加完美，让自己做事的质量更好，效率更高。

假设，某个人与周围人的沟通已经做得足够好，当他读了一本《沟通的艺术》，那他当然就可以学以致改，进一步优化提高自己的沟通技巧。

他可能更加重视沟通，相信沟通的重要性。因为社会主要是人与人之间的互动，好的沟通可以让社会有正常秩序，让大众的生活更加美好。在书中他可以学到不同的人怎么相处，组成一个更好的社区。

（三）沟通的改进

人与人之间的想法是不同的，要进行合作就要沟通，沟通好才能合作好。沟通都会存在这样那样的问题，人与人沟通难是正常的。如果沟通没有好的效果，甚至造成误会，沟通就是无效的。

如果沟通有问题，如何改进？

1. 沟通需要设计流程。沟通之前应该做哪些准备？开始怎么说，如果遇到问题应该怎么应对？想象沟通会出现哪些问题？沟通结束后要不要复盘？沟通流程要不要优化？

2. 沟通需要做足准备。一些重要的沟通（你认为重要的）开始之前，是否该做些铺垫？发一些视频，把沟通的事情先发给对方，发一些介绍资料、相关样品，了解对方的经历、兴趣（周围人、朋友），寻找共同的话题，做好准备。

3. 沟通需要做出选择。可以放弃沟通，比方说沟通的人有极端情况（没法沟通，暴力冲动），可以放弃和其沟通。沟通的效果比不沟通的效果更差，或者会带来你不想要的结果，可以放弃沟通。这时你该怎么办？找别人代替自己沟通（有选择），或者完全放弃（没选择）。

4. 沟通需要自我反思。从自己身上找原因，在态度上要亲和、尊重对方、谈话有耐心，多反思自己的问题（哪里没有准备好、做得不好，哪里表达得不好），同时分析对方的问题（对方对这个问题耐心够不够，对方有没有准确、完整、及时地表达，对方在沟通中有哪些问题等）。这些反思对改进沟通效果是有帮助的。

5. 沟通需要反复练习。分析如何提高自己的沟通能力？哪种方式自己擅长？哪种方式效果好？人与人大不相同，有人沟通喜欢发微信语音，有人喜欢发文字，有人喜欢视频。在什么样的环境沟通？有些人喜欢去办公室，有些人喜欢去餐厅、咖啡厅。不同的人喜欢不同的场合,要知道自己在哪种场合发挥得好,也要知道别人在哪种场合和你沟通的效果好。要注意有些人不太计较你在什么时间和他联系,有些人你一定要和他预约。

也要分析自己更擅长和哪一类人沟通?自己很难和哪一类人沟通?知己知彼,不断研究,不断改进。

四、第一台阶

有人刚开始读书,不知道从哪里开始,想了很多也没想明白如何开始,最后就随便找一本书开始读。你一定见过步行上楼的楼梯。读书和步行上楼梯的道理是一样的,你的脚先踏上第一个台阶,再踏上第二个台阶,然后一个接一个台阶走上楼。第一台阶概念给我们一个启发:开始读书不用一下子确定很高的目标,这和步行上楼梯一样,要先用脚踏上第一个台阶,而不是试图一步跨上三五个台阶。读书时,先确定一个你容易做到的目标,用一本通俗易懂的书或者一本书上的一段话,作为你读书的第一台阶。

(一)从哪里开始

轻松不费力,一步能踏到。

用第一台阶这个概念，我们可以更好地理解。步行楼梯是日常生活中常见的，我们很容易通过步行楼梯的第一个台阶理解读书开始怎么做，从哪里切入。刚开始读书，找一个容易做到的目标作为你的第一台阶。再从第一台阶开始，根据读书的效果和进度，调整第二台阶、第三台阶。

第一台阶概念有两点非常重要：第一，从哪里开始？刚才说从一本书上的一段话开始；第二，步行走楼梯，第一台阶是你一步能踏到的台阶，不是要跨很大步子都难踏到的台阶。读书容易做到的"第一台阶"在哪里？这和你步行上楼梯不费力就能踏上的台阶的道理相同，选你不用花费多大力气就能读懂的一本书。

从你容易读懂的一本书里面找一段话开始。"同读一本书"给参加者推荐的第一本书是《朱元璋传》，第二本书是《曾国藩传》。我们没有推荐难懂的书，而是将故事性强的历史通俗读物作为读书的第一台阶。同时，为了降低阅读难度，我经常提醒参加者，读《朱元璋传》能够理解"农民思维"就是 100 分，读《曾国藩传》能够做到"早起"就是 100 分。

第六章 读书的学以致改

从哪里开始？从自己的实际情况开始。

第一台阶概念包含一个非常重要的思想，一个人读书需要清楚自己从哪里开始。有人不知道读书从哪里开始，究其原因就是不知道自己的实际情况。第一台阶就是要你从自己的实际情况出发，总结现在有什么，你要什么，这样你才能确定自己的起点。知道现在的位置，才能确定第一台阶在哪里。如果你现在的位置距离目标很远，那你可能需要很多个台阶才能从现在位置到目标位置。如果你现在的位置距离目标很近，那你可能只需要几个台阶就能到达目标位置。

只有清楚自己的位置，才能做出准确的判断，你的第一台阶位置决定你从哪里开始。如果一个人身材高大，腿比较长，那他的第一台阶是可以踏上普通楼梯的两到三个台阶。如果一个人身材不够高大，就只能踏上普通楼梯的一个台阶。这是由每个人的实际情况（基础）决定的。踏上第一台阶以后再选择第二台阶、第三台阶，如果开始的第一个、第二个、第三个台阶都稳步踏上，那后面的道路就会顺利。

有人读书没想过第一台阶概念，不知道自己现在的位置，也不知道目标和现在的位置之间有多少个台阶。他们只是随便向前迈出一步，并没有考虑过这一步对他来讲是困难还是容易，能不能让他稳步向前。迈出这一步之前把这些问题都想清楚，那你就会顺利，如果这些事情你压根没想过，或者没想明白，那么在读书的道路上，你就可能会摇摇晃晃、原地踏步或者倒退回去。

怎么知道自己的位置？通过测试。

网上能找到测试中文基础的试题，一般都有答案。阅读写作部分，可以找师友指导。

再找MBA、MPA、MEM、MPAcc联考与经济类联考的逻辑试题自测。

测试了解自己的中文基础、逻辑，再选择自己读书的第一台阶。

（二）没有学以致改

一些人读书效果不好，原因之一是不接受第一台阶，没有学以致改。

读书没有联系自己的实际，不知道自己哪里错了，不知道改正自己的目标、标准、榜样，效果自然不会好。

第一台阶概念是读书学以致改中的一个知识点。有人没有注意到"改"的重要性，只是为了读书而读书。

没有学以致改，或者不知道怎么学以致改，一般有三个原因：

1. 没有将书上的道理方法作为自己判断的依据。读了《曾国藩传》，你要想怎么联系自己，曾国藩给自己制定了人生目标，你自己有没有制定一个人生目标？曾国藩列出了12条规定，你自己有没有像曾国藩那样，规定自己每天早起，规定自己每天写日记，规定自己每天读书？把曾国藩的做法和自己的做法联系对比，可以判断自己的想法和做法要不要改正，怎么改正。读书如果不联系自己的实际，那就是看热闹，这个点我讲过很多次。

2. 不知道自己哪里错了。没有一个判断对错的参考标准，就无法作出判断。什么是判断对错的参考标准？杰出人物是经过验证有结果的人，把他们的世界观与方法论作为判断对错的参考标准。正确理解杰出人物的思想，就可以通过对比判断自己哪里有错误。

3. 不知道自己改正的目标、标准、榜样。有人说，我读书也愿意学以致改，但是不知道自己改正的目标、标准是什么，榜样是谁。既然我们已经对读书学习杰出人物的世界观与方法论达成共识，那目标、标准和榜样就是杰出人物、他们的世界观与方法论，或者说他们的想法与做法，以及他们的成功案例。从杰出人物那里发现规律，通过对规律的学习理解，你就知道一个人在这个世界上生存与生活的目标。设定最低目标，把最低目标作为底线，要求自己必须达到这些目标。底线是确保一个人生存的最低限度，想要在生存的基础上，让自己的生活更美好，就要在底线之上自由发挥，追求更高的目标。做什么、不做什么，什么是对、什么是错，以杰出人物为参照和标准，做判断、做选择。

杰出人物就是我们的榜样，向杰出人物看齐，以他们为榜样学以致改。读了富兰克林的书，读了达利欧的书，读了查理·芒格的书，那就以他们为榜样，像他们那样理解这个世界，理解自己，理解他人，理解时代环境。

接受第一台阶，从容易的开始，在以他们为榜样的引领激励下，通过自己不断的努力，长期的坚持，你将变得越来越好。

（三）具体的做法

用第一台阶概念做到读书学以致改，首先心态要好，要敢于面对自己。要做到知错能改，首先要明白错误在哪里，要有对应的解决方法，要及时纠正错误。

我给出的方法是读书以杰出人物为标准进行比较，知道自己错在哪里，然后学、用他们讲的道理方法，发现问题，解决问题，拿到结果。

你怎么知道自己做得正确？那你就要在实际中不断地验证，应用之后让结果说话。如果通过验证你拿到了结果，那你就继续；如果通过验证你没有拿到结果，那你就要需要通过剖析原因去找问题。

是自己对杰出人物讲的道理方法理解不对，还是在应用的过程中出现了偏差？找出问题然后改正，你要做的就是不断验证，不断改正。

从哪里开始用第一台阶概念？从简单方便开始，不要着急，要循序渐进。把一个大的目标分解成若干小的目标，然后把小的目标一个一个地完成，积少成多。不急于要求自己两三天就能掌握多少知识技能，也不追求自己两三周后就能变成一个优秀的人。

把读一本书的大目标，分解成若干个小目标。在这个过程中由于你有读书的目标，有杰出人物的思想方法作为标准，有杰出人物作为榜样，因此这个过程的时间越长，你得到的潜移默化的影响就越多。

随着时间越来越久,随着一个个分解小目标的完成,最终你会发现自己已经成为学以致改的人。

五、自律

所有的胜利第一条件,是要战胜自己。

——弗兰斯·埃米尔·西兰帕

自律,是理性的自我约束。

我曾经把"不理性"总结为三点,分别是:情绪化;少算计;不自律。

如果理性的自律是适度自律,那这自然是好的行为。根据丹尼尔·卡尼曼的说法"系统1,系统2"①,自律属于"系统2",即注意力在需要费脑力的大脑活动上。达利欧的说法是"二三级效应","自律"是能做到"健身虽然痛苦,但是能带来健康和完美的身材"。

(一)改正、改进都需要自律

自律是一个人理性地对自己进行约束,做出判断,应

---

① [美]丹尼尔·卡尼曼:《思考,快与慢》,胡晓姣等译,中信出版社2012年版。

该做什么，不应该做什么，先做什么，后做什么，什么重要，什么不重要等。以自己的理性，对自己的想法和行为进行自我管理。自律是一个重要的能力。

一个人能不能做到自律，取决于以下四点：

1. 理性判断

一个人有自律能力，能够做到自律，首先是基于这个人的理性判断。如果一个人能够对信息进行收集、分析处理，能够做出理性的判断，而且这些判断都是经过择优处理的，那就能够实现利益最大化。具备理性判断是自律的前提。

2. 立即行动

完成理性判断后要立即行动。这点看似简单，实际上更加重要。很多人的想法很多，但是在行动时就有畏难情绪，优柔寡断。他们总是想很多，但不能立即行动。在理性判断做出决策的基础上，立即行动是自我约束很重要的一点。让自己的行为服从理性判断，是自律能力的第二点。

3. 坚持不懈

开始行动后，能不能坚持，特别是长期坚持，这是自律能力的第三点。有些人开始能做到立即行动，但是不能长期坚持，开始不久就停下来，或者完成一部分就放弃。没有做到坚持到底，这也是自律能力有欠缺。做一件事情，如果没有走完全程那就是半途而废，只有坚持到底才能拿到结果。说到自律能力，没有理性判断不行，没有立即行动不行，没有坚持不懈也不行。

4．自我激励

自律能力中除了理性判断、立即行动、坚持不懈之外，还有一点是自我激励。当你为一个目标奋斗，在没有成功之前，你要忍受痛苦。没有人肯定赞美，你也不知道你在做的这个事情最后否能成功。在成功之前，那种孤独寂寞的煎熬会给人巨大的压力，在得不到外界激励的情况下，自律能力强的人就能自我激励，继续坚持，自律能力不强的人就可能放弃。一个人能不能自我激励是非常重要的。

为什么自律重要？

因为很多人做不到。

如果做不到自律，就用纪律解决不自律。

（二）自己解决自己的问题

我将用"周处除三害"的故事，来说明自己解决自己的问题。

第六章 读书的学以致改

周处（238—299年），字子隐，义兴阳羡（今江苏宜兴）人。他年少时为祸乡里，后来为了改过自新，去找名人陆机、陆云，之后浪子回头，功业更胜乃父，留下"周处除三害"的故事①。

原文摘录：

周处年少时，凶强侠气，为乡里所患。又义兴水中有蛟，山中有白额虎，并皆暴犯百姓。义兴人谓为三横，而处尤剧。或说处杀虎斩蛟，实冀三横唯余其一。处即刺杀虎，又入水击蛟。蛟或浮或没，行数十里，处与之俱。经三日三夜，乡里皆谓已死，更相庆。

竟杀蛟而出，闻里人相庆，始知为人情所患，有自改意。

乃入吴寻二陆。平原不在，正见清河，具以情告，并云欲自修改而年已蹉跎，终无所成。清河曰："古人贵朝闻夕死，况君前途尚可。且人患志之不立，何忧令名不彰邪？"处遂改励，终为忠臣。

---

① 房玄龄等：《晋书》，中华书局1974年版。

原文的意思是：

周处年轻时为人蛮横强悍，任侠使气，是当地一大祸害。义兴的河中有条蛟龙，山上有只白额虎，一起祸害百姓。义兴的百姓称他们是三大祸害，三害之中周处是最大祸害。

有人劝说周处去杀死猛虎和蛟龙，实际上是希望三个祸害相互拼杀后只剩下一个。周处杀死老虎，又下河斩杀蛟龙。蛟龙在水里有时浮起，有时沉没，漂游几十里远，周处始终同蛟龙一起搏斗。经过三天三夜，当地的百姓们都认为周处已经死了，彼此表示庆贺。

结果周处杀死了蛟龙。他听说乡里人以为自己已死并对此庆贺后，才知道大家实际上也把他当作一大祸害，于是有了悔改的心意。

他到吴郡找陆机和陆云两位名人。当时陆机不在，他只见到了陆云。把全部情况告诉陆云后，他说："我自己想要改正错误，可是岁月已经荒废了，怕最终没有什么成就。"陆云说："古人珍视道义，认为'哪怕是早晨明白了道理，晚上就死去也甘心'，况且你的前途还是有希望的。再说人就怕立不下志向，只要能立志，又何必担忧好名声不能传扬呢?"周处听后就改过自新,终于成为一名忠臣。

自律,有助于自己解决自己的问题。

周处除"三害",就是自己解决自己的问题。

自律能力强的人,就和周处一样,能自己解决自己的问题。

(三)问自己

每一个人都可以问自己:我自律吗?

周处的自律是高水平的自律,他能做到理性判断,立即行动,坚持不懈,自我激励。

读了周处除"三害"的故事,我们能更深刻地理解自律的力量,也能有更多的思考。例如,我们可以举一反三:自己周围有没有周处那样的人?周围人有没有把我们看作是猛虎和蛟龙?注意,这一定不是当面说的。一个人要勇敢地面对真实的自己。

我们可以这样理解,一个人如果没有自律能力,就没有办法做出理性的判断,因为如果做不到自律,那就是在用动物本能做出反应;如果做不到自律,就不能立即行动,总是想过来想过去,就是不行动;如果做不到自律,行动之后遇到困难很快就放弃，不可能坚持到底；如果做不到自律，就不能自我激励，没有自我激励可能就熬不过成功之前孤独寂寞的苦苦支撑。

训练读书自律的简易方法如下：

1. 抄书（有利于专注，解决心慌意乱、不想读书的问题）；

2. 先做后想（快速、果断行动，说干就干，别犹豫）；

3. 暗示自己（明天休息、再坚持5分钟等）；

4. 赋能，让榜样人物、电影、音乐、朋友激发你的好情绪；

5. 对周围人公布你的计划（借助外力，接受监督）。

读书学以致改一定要做到自律，自己解决自己的问题，自己纠正自己错误的思维与错误的行为。

作为普通人，动物本能在我们身上有着强大的力量，如果能够善用自律，做到理性地自我约束，就能距离人类文明更近。如果不能自律，不能理性地约束自己，那就距离动物本能更近。

自律让我们从动物本能向人类文明进化。

六、习惯

习惯就是你不用头脑思考就能完成的事情。

一旦养成一个习惯,你不用思考,就可以本能地完成。

(一)痛苦的原因是不习惯

有人会说我读书的时候不能坚持,也记不住,也不知道怎么用,做不到你说的学以致改。做不到的原因是你不适应,不习惯。

你读书的时候,坚持不下去,读完书要用的时候,有畏难情绪不想做,做的时候,因为不适应,不习惯,所以你会痛苦。痛苦的主要原因就是你不习惯。

那你怎么办?答案是反复练习,反复应用。如果走进一家花店,你能马上闻到室内浓郁的花香,但如果你在这个花店里面坐上一整天,你就闻不到浓郁的花香了。在刚开始读书的时候,你当然会有陌生感和不适应,但只要你能坚持,反复练习就会逐步适应,到最后你就可以完全习惯。

因为习惯了,很多时候做了以后都不能确定自己刚才是不是做了,这就是完全形成一种自动化。例如,你出门到楼下，回想起刚才究竟有没有关门？出门随手关门的这个习惯已经在你头脑里面成为自动化，你不会等思考清楚再去关门。这一自动化的模式，是不用经过思考就能完成的。

习惯到不用思考，成为自动化，肯定不会痛苦。

（二）先适应

刚开始，因为不适应、不习惯，就不要追求过高的目标，不要贪多求快。

你首先要适应。可以把一本书打开，抄写第一页，或者在某一页里面选喜欢的某一段抄写一遍或抄写十遍，抄写到你开始适应这本书的内容。

你还可以朗读，也可以默诵。刚开始不用有要求，就是先适应。阅读的时候，你觉得不适应，那你就抄写或者大声朗读，可以不用把注意力放在书上，因为刚开始做不到专注在书上，你如果强迫自己把注意力放在书上，那就会痛苦。

如何避免痛苦呢？你可以放一些轻松的音乐，然后把书打开，抄书，或者大声朗读、默诵。你只要去做，反复去做，做若干次，你就可以适应。只要你去做了，通过若干次抄书或者大声朗读,你很快就能适应这本书。

生活中,我们经常能看到两种情况:一种情况是开车的时候一边驾驶,一边听音乐,加速减速、调整方向都是一种本能的自动化动作,这是你的驾驶习惯,你不用在头脑里面思考怎么做;还有一种情况,以前有很多人穿手工毛衣,织手工毛衣的人一边看电视,一边和人聊天,一边织毛衣,他们不用思考就可以自动织毛衣。这是因为动作一旦成为一个人的习惯,他不用在头脑里面思考怎么做就可以自动完成。

为什么开车和织毛衣是那样的?

适应了,习惯了。

(三)坚持到习惯

有人问,我从不适应到习惯有没有什么好办法?

好办法就是抄书和朗读。

关键是要坚持,你不用追求多高的读书目标,不用强迫自己必须做得出类拔萃。空杯,反复抄写或者大声朗读就可以。

这主要是针对没有阅读习惯的人,如果你有长期阅读的习惯,那你不存在不适应阅读的问题。

如果你不适应阅读怎么办？答案就是用最简单的方法，坚持反复练习，不论是抄写还是朗读，一定要重复做，不用想那么多，坚持反复练习直到你慢慢适应，开始习惯。

其实只要你愿意去做，用不了多长时间就可以习惯。

我相信，你选一本畅销书，从书上选一段话，抄写或者朗读大概十几遍，你就会有感觉。

如果换一本书又开始不适应怎么办？用同样的道理方法。你按照这种最简单的方法坚持去做，你就可以从不适应到习惯，每读一本书都这样反复练习，一本书抄写朗读十多次，你就会习惯。之后，继续这样简单的重复练习，你的阅读习惯就能逐步建立起来。

要达到什么样的程度？要成为自动完成的习惯。就像你开车的时候不用思考，就像织毛衣的人可以"一心二用"。要像你骑了十年自行车那样，根本不用思考怎么上自行车，怎么踩脚踏板，自行车怎么向前走。如果你会游泳，你在水里面游泳的时候，你会思考怎么用手，怎么用脚吗？如果你在游泳的时候还要思考怎么用手，怎么用脚，那你肯定不会游泳，会游泳的人已经有这些动作的身体习惯，他们完全不用思考就可以完成游泳所需要的所有动作。

我们讲读书学以致改，就是要培养一种本能的习惯，当"改"成为你的习惯，你的读书就会达到一个新的阶段。

（四）环境对习惯养成的影响

同时，我们还需要重视环境对习惯养成的影响。

要学以致改，周围的环境是不是支持你习惯的养成？如果你在一个讲中文的环境想练好英语，环境就无法支持你英语能力的提高。在一个周围人都读书的环境，环境就能支持你读书习惯的养成。

当你有了一个目标，要实现这个目标，除了动机、方法以及必须的条件，你还应该判断你的环境是否支持。如果你的环境正在阻碍你读书习惯的养成，你就应该考虑是否要改变环境，例如"孟母三迁"，中国古代的孟母，为了让孩子成才，先后三次搬家，改变居住环境。"孟母三迁"说明中国古人相当重视环境对习惯养成的影响。

特别强调一点，所有学到的、成为你习惯的才真正属于你。一旦成为习惯，成为你的本能反应，就成为你生命的一部分。如果它没有成为你的习惯，那你就没有真正拥有。解决这个问题的方法就是反复练习，反复应用，简单有效的方法就是好的方法。

通过读书研究杰出人物是如何养成好习惯的，他们是如何改正改进自己不好的习惯的，他们在习惯上如何学以致用，以及如果聚焦在养成习惯上，通过自身与杰出人物的比较看到差距。好消息是，差距就是我们努力的方向，找准差距是有针对性地解决问题的前提。

以杰出人物为榜样，培养你自己的阅读习惯。

七、练＋用

一些人读书只追求书的数量，这让我惊讶。

我相信，如果一个人只读过一本书，但他用了书上的一个方法解决问题并拿到结果，那这个人要远远超过读了100本书却没有用过书上一个方法的人。

读书学以致改有一个重要的方法是"练＋用"。有人不知道读书要"练＋用"。

（一）"练＋用"是为解决问题

读书学以致改必须要"练＋用"。

只有反复练习，反复应用，才能：

1. 纠正错误的思维和行为；

2. 掌握解决问题的知识能力。

第六章 读书的学以致改

"练+用"事关你的言谈举止，见识理性，做事方法，关键能力，以及你的财富、声誉、权力、地位。

第一个重要的方法是练，你要反复练习；

第二个重要的方法是用，你要反复应用。

强调"练+用"的目的是，只有通过反复练习和反复应用，我们才能做到读书学以致改。

如果你只是读书，没有反复练习和反复应用，那就是之前说过的知道不等于做到。想跨过知道和做到中间的太平洋，就必须"练+用"。

如果你想要更好的生活，想要受人尊敬，拥有财富，拥有越来越好的人生，那么你的言谈举止，你的见识与理性，你的做事方法，你的关键能力都要符合社会的规则，或者遵循客观规律，只有反复地"练+用"，你的想法和做法才能与客观规律一致，你才能获得你想拥有的财富、声誉、权力、地位。

如果有人说我读书不想"练+用"，那么你不可能拿到你想要的结果。如果读书没有"练+用"，你的读书学以致改一定不是完整的。读书只是读，不愿意去"练+用"，那就是看热闹，没有办法真正掌握知识能力，也没有办法应用在生活中。

读书如果不去反复练习，反复应用，那就好比桌子上有一张纸，你没有亲自动手，却幻想着这张纸会自动进入你的背包。

（二）练是准备，用是验证

"练"确保有"用"，"用"告诉你怎么"练"。

曾国藩组建湘军，从有这个想法，到最后打败太平军，"练+用"是整个过程关键所在。

曾国藩组建湘军时，每天都要训练，把战场上需要的技能让士兵每天反复操练。我们可以把湘军的操练理解为准备，但湘军每天只是操练也不行，也不完整。湘军操练到一定程度就要去用，要和太平军作战，用是去验证。操练了很久，怎么才能知道操练得对不对？操练得有没有效果？不是大家坐下各自发表一番言论，就能判断操练得对不对，操练的效果怎么样，判断这一问题是要通过用做验证。

湘军的训练是不是能够克敌制胜？只有打一仗才能知道训练的东西有没有用。

读书学以致改的道理一样，你读一本书，哪些是你要练的？读了一本书，你怎么去"用"？用的过程，一方面可以验证自己理解的对不对？自己反复练习的对不对？另一方面，在用的过程中能发现自己不知道的，能够根据验证的结果改正、改进。练错的地方，能在用的过程知道，从用的反馈知道自己不知道的，把新的东西补充更新在已知的内容上。

读书"练+用"是不能缺少的环节。用了才知道应该怎样练，练了到用的时候才有东西可用。读书绝对不是随便翻一翻，今天高兴就看一段，明天没兴趣就扔在一边，读书要拿到结果，一定要"练+用"。

当然，如果一个人读书只是消遣，或者娱乐，不是为了通过读书学以致改，解决问题，拿到结果，让自己的生活更好，那也不用如此认真，读书开心就好。

如果你想通过读书改变自己，让自己越来越好，就要认真践行读书的"练+用"。

（三）"练+用"是在解决问题中成长

读书"练+用"，把现在的自己与过去的自己做比较，发现差距变化。

这里可能会有三种情况：

第一种情况，自己现在和过去一样，没啥变化，这就是问题。人应该不断进步，哪怕是一些细微的进步，也是有益的。如果现在和以前的习惯、与人打交道的方式等都一样，那就说明自己没有进步。

第二种情况，是将现在与过去比较，发现年龄大了反而不如年龄小的时候，年龄小的时候见了人挺热情，喜欢和人聊天，也能和朋友打成一片，现在自己反而不会说话，也不习惯和人打交道。这样一比较就发现问题，岁数长了，但是能力没有提高，人在慢慢退步。

第三种情况，通过比较，发现是好消息，现在的自己变化很大，进步特别明显，方方面面都要比以前强。比较中发现自己在不断进步，一点一点地变成自己想要的那样，从比较中找到进步，让自己更有信心坚持下去。同时，也从比较中找到差距，差距就是问题，有了读书"练+用"的目标，你就能在解决问题中成长。

同时，把自己和周围人比。有人说，自己现在和自己过去比就可以了，不用和别人比。这种想法是不对的，你如果不把自己和别人比，就没办法判断自己处于什么样的社会位置，就无法知道自己的起点在哪里，也没办法确定目的地在哪里。要做出一个判断,知道自己要从哪里到哪里,就必须知道自己现在在哪里。

自己和别人比较,就能理解:一是知道自己在社会上的位置;二是更客观地理解自己。将自己的现在和过去比较,能看到自己的一些问题,但更多的是看到自己的进步,看到自己的改变,获得自信。

每个人都是社会人,你不可能脱离社会独自发展,你要在和其他人竞争合作的背景下发展。把自己放在社会上做比较,找差距,就能知道如何通过读书"练+用",让自己在社会上发展得更好。制定读书"练+用"的目标,把目标分解成若干小目标,一个一个地实现。

"用"有很多具体的做法,例如,"同读一本书"推荐的《朱元璋传》可以选出两个关键词:"农民思维""经历";《曾国藩传》可以选出三个关键词:"挫折""湘军""人际关系"。把两本书选出的五个关键词,做成对比的清单:

关键词	关键信息	对比自己(是/否)改正改进
农民思维	数字化时代	
经历	朱元璋变化	
挫折	曾国藩做法	
湘军	曾国藩做法	
人际关系	曾国藩做法	

再说赵括。按照我们说的读书"练+用",赵括在"练+用"上面做得不好。如果赵括做得足够好,就不会出现长平之战的败局,退一步讲,即使作战失败也不会造成那样大的损失,因为读书"练+用"的过程能够提高一个人应对各种不确定性的能力。

如果一个人读书从来不练习,更没有主动去应用,你相信这个人读书能解决问题,拿到结果吗?

我当然不相信。

第七章　悟是系统的理解

> 我想不出，诗歌改变世界的例子。
> 但它们所做的是，改变人们对世界的理解。
>
> ——谢默斯·希尼

这是读书七讲的第七部分，原来的题目为"悟"。

"悟"，是理解，觉醒，这里指系统理解。

查理·芒格说，认识世界要有"多元思维模型"，避免谚语说的"在手里拿着铁锤的人看来，世界就像一颗钉子。"他强调跨学科理解各种模型的相互关系以及它们的效应[①]。

一个人读了很多书，如果看世界依旧是"盲人摸象"，

---

① [美]彼得·考夫曼编：《穷查理宝典》，李继宏等译，中信出版社2016年版。

这个人的生活必然有各种问题。

如果把世界看作一个系统，读书的目的之一就是理解系统。

一、融会贯通

（一）时间与空间

融会是融合领会，贯通是透彻理解，融合贯通指融合多方面的知识，得到全面透彻的领悟。

读书的系统理解，或者说读书的"悟"，需要从时间与空间上对人类社会有全面观察与系统分析。

读书可以从时间上融会贯通，从人类最早有记载的时间到现在；读书可以从空间上融会贯通，从你生活的小区到你生活的城市，从你居住的国家到整个地球。

杰出人物的思想、行为以及贡献成就集中构成人类文明系统。当一个人读书，与杰出人物从时间上和空间上达到融会贯通，这个人就能实现对人类文明的系统理解。

我们必须承认，不论你是年轻还是年长，即使你的经历丰富，智慧超群，你也无法比古今中外几千年的杰出人物群体更优秀。

可以这样说，尊重每个人的聪明才干，更要尊重杰出人物群体所代表的集体智慧，读书就是将集体智慧融会贯通，为己所用。

（二）单一到系统

从中文的一个字，到 3500 个常用字，到常用字组合成为一篇文章，再到一本书，到一个图书馆。

每个人读书都是从一本书开始，都是从一本书上的一页纸开始，或者是从一句话开始，这是从单一开始。读很多本书，融会贯通若干知识点，是一个从单一到系统的过程。

这就好比学习中文，学会一个又一个中文汉字，掌握 3500 个常用字，就能用 3500 个常用字写作。你的想法可以写成一篇文章，若干篇文章可以整理成为一本书。

从一个汉字到 3500 个常用汉字，到常用汉字任意组合成为一篇文章，再到一本书，接下来一本一本的书成为一个图书馆。从这个视角来看，每个人读书都是从书上某页的一句话开始，读完一本再读一本，读了很多本书，自然形成书的组合。读书掌握若干知识点，再把这些知识点融合领会，透彻理解，就可以形成自己的知识系统。

（三）观点是相通的

看到达利欧在《原则》中说的"接受进化的痛苦"，读者可以马上想到孟子说的"曾益其所不能"[①]。

我不知道达利欧有没有读过孟子的著作，但达利欧和孟子对痛苦与成长的观点是相通的。

达利欧出生在美国，在西方文化中长大，孟子是中国古代先贤，他们的文化背景不同，时代不同，生活环境不同，但是他们在每个人要进步成长必须接受痛苦这一观点上高度一致。

他们两位对同一件事情的观点一致，这能给我们两个启示：

1. 相信观点正确

用孟子的观点可以证明达利欧的观点，同样达利欧的观点也可以证明孟子的观点。这启发我们得出一个结论：一个人要想进化或者要想变成一个优秀的人，就得接受进化（改变）带来的痛苦，这是不可避免的。只有你主动接受这些痛苦，你才能不断地改变。我们通过相互印证知道

[①] 孟子说："故天将降大任于斯人也，必先苦其心志，劳其筋骨，饿其体肤，空乏其身，行拂乱其所为，所以动心忍性，曾益其所不能。"

这个观点是正确的,因此它可以用来指导我们的成长。

2. 总结读书方法

从达利欧与孟子的观点相互印证这一点,可以总结出一个读书方法:从同一件事情看古今中外杰出人物的观点是什么。可以把不同杰出人物的观点进行整理分析,在同一件事情上不同杰出人物的观点有什么样的规律。在读书中研究不同杰出人物对同一件事情的观点,这个方法能够给读书带来新思路。这是对杰出人物观点的融会贯通。

(四)注意力

你的注意力在哪里,

你的时间就在哪里。

你的时间在哪里,

你的未来就在哪里。

这是我对注意力的看法,它包含两个意思:

第一个意思是,提醒各位认识到注意力的重要性,如果不重视注意力,就有可能犯严重的错误。

第二个意思是,注意力代表着一连串的事情,如果你把注意力放在某件事情上,你的时间、精力、能力、资源都会随之而来。如果你把注意力放对地方,就能占据很大的优势。如果你把注意力放错地方，你的时间、精力、能力、资源都将浪费。

那么，你觉得读书是否要将注意力放在融会贯通上？

如果你的注意力没有在融会贯通上，时间、精力、能力、资源就不会随之而来，这必定影响你读书的融会贯通。

这里说的读书要融会贯通，是你要从一本书开始，接下来把很多书的知识点进行融会贯通，形成你的知识系统。我们从一个角度看不到世界的全貌，或者说每个人都有思维盲区，只凭借个人的力量是怎么看也无法看到世界的全景的，这更像是瞎子摸象，看到大象的腿，理解为柱子；看到大象的身子，理解为一堵墙；看到大象的尾巴，理解成粗的绳子。如果读多位杰出人物的书并能够融会贯通，那么你眼中的社会就更接近真实的社会，这好比全方位地观察一头大象，看到的大象不再是柱子、一堵墙，或者是一根粗的绳子，而是真的大象。

同样的道理，你在某个城市生活了几十年，相识相处过一些人，亲身经历过一些事情，这些认知对人类社会只是很小的一部分。要向真理靠得更近，就需要通过读书把自己的认知和杰出人物的认知建立连接并融会贯通，形成从单一到系统的新的认知体系。

读书,融会贯通是方向。读书一定是从一本书开始,一定是将各种不同的书融会贯通成为一个系统。如果提前理解清楚这一点,就能有目的地做出读书的判断选择,有计划地推进自己的读书,推动阅读过程中的深刻理解,加强对知识的反复练习和反复应用。

提前理解可以早做准备,可以更好地发挥自己的主观能动性,可以让读书的效果更好。同样,融会贯通必然是多元的,它不是一个观点,也不是从单一的视角看世界,而是从古今中外的多元视角去观察理解这个世界。

你在读书的过程中逐步形成自己的价值观,这必然是人类文明发展前沿的价值观,而不是那些人类文明已经淘汰的、陈旧的、腐朽的东西。

探索未知者有一种勇气,那就是把人类文明最具代表性的部分作为自己探索真理不断前进的灯塔。

二、格局

(一)视野与格局

眼睛看到的范围是视野,头脑认知的范围是格局。

要放大格局，先要改变自己的视野。

这句话包括两个意思：第一个意思是眼睛能看到的范围是你的视野，这个是用眼睛来看；第二个意思不是只说眼睛，格局是你眼睛能看到的世界加上你头脑中推理抽象和想象出的世界。

这两方面既有联系又有区别。联系是每个人头脑里面认知的范围都是靠眼睛看到的范围建构；区别是每个人头脑里面的认知范围，眼睛看到的只是其中的一部分。头脑里面的认知范围，有很多是在眼睛看到的基础上推理抽象、想象出来的，眼睛看到的范围并不等同于头脑里面的认知范围。

放大格局，一方面要扩大视野，让眼睛看到的范围更大。例如，以前只看到自己住的小区、自己居住的城市，现在看到更多的城市。另一方面，还要通过读书锻炼抽象思维和想象力，放大头脑里面的认知范围。

曾国藩说："谋大事者首重格局。"这句话是说，谋划大事的人，要有对全局的理解，看到更大范围的事情，有轻重缓急的安排，再集中资源逐一拿到结果。如果看不见全局，只看见局部，决策风险就很大。

（二）放长时间，放大空间，看不见的用"心"想

放大格局，要有抽象思维，有想象力。

抽象思维是运用概念、判断、推理，对客观现实进行间接的、概括的反映。

想象力是指不存在或未见过的事物在大脑中还原、模拟，以求在生活阅历、知识经验与思维上有灵感爆发。

视野是眼睛看到的范围，格局是头脑认知的范围，看不见的用"心"想。毛泽东在《中国革命战争的战略问题》中说：因为这种全局性的东西，眼睛看不见，只能用心思去想一想才能懂得，不用心思去想，就不会懂得。

在此摘录张宏杰先生《朱元璋传》中的一段话：

农民们目光短浅，缺乏想象力。他们的精明、现实，有时不可避免地变成短视和愚昧。农民较少有机会锻炼归类、抽象、推理这些较高层次的思维能力。在他们的头脑里，世界是以实实在在的实物方式存在的，是山、河、土地、树木、庄稼、猪、牛、羊、鸡这些事物的总和。他们计算数字时，眼前总是要闪着这些事物的形象，或者想象

着手指头脚趾头的样子,才能算得过来。他们不能理解超出实物层面的道理。①

放大格局有两点是基本的:第一是放长时间,第二是放大空间。

张宏杰先生的《简读中国史》② 有这两个特点:

第一,从周秦之变开始,讲述2000多年的中国历史,这是放长时间。

第二,把中国历史放在世界历史的背景下,特别是与欧洲的历史进行对比,这是放大空间。

分析当下的一件事,我们可能对它的理解不够深刻,此时如果我们能放大格局,把它放在2000多年的中国历史之下,又把它放在世界历史的大背景之下,再观察理解这件事就能清楚透彻。

以国家治理来说,北宋司马光主编的《资治通鉴》就是放大格局来分析总结中国历史上国家治理的成败得失。这本书从周威烈王二十三年(公元前403年)开始,到五

---

① 张宏杰:《朱元璋传》,广东人民出版社2016年版。
② 张宏杰:《简读中国史》,岳麓书社2019年版。

代后周世宗显德六年（公元959年）结束，历史时间跨度长达1362年。

我们可以从三个点理解：一是自己能对多大范围的事物有认知，关键词是：视野，事物，认知。二是认知视角，你看事物，能不能从各种观察角度去认知，尽可能看全局，不被局部误导，避免瞎子摸象。关键词：全方位，准确。三是能不能理解和梳理清楚头脑认知范围内各种事物的逻辑关系，能不能做出轻重缓急的排序？关键词：关系，排序。

读书锻炼抽象思维、想象力，扩大视野，提高认知，成为有格局的人。

（三）山脚，山腰，山顶

每个人的教育基础不一样，社会经历不一样，头脑认知不一样，那么每个人的格局就不一样。

可以举个例子，更好地理解人与人的格局不同。如果很多人去登山，有人在山脚下，有人走到山腰，也有人走到山顶。

想象一下，山脚的人看到的大山和周围的环境，和已经走到山腰的人看见的大山和周围的环境，和已经走到山顶的人眼中的大山和周围的环境,肯定是不一样的。

山脚、山腰、山顶,三类人看到的不一样,头脑里面的认知就不一样,三类人就有三种不同的格局。

格局这个东西初看有点抽象难理解,但仔细想想并不复杂。你眼睛看到的范围越大,能看到的东西就越多,而格局并不是眼睛直接看到的,而是头脑认知所能看到的范围,所能理解的事物。

头脑认知的范围越大,对各种事物理解就越清楚,那你的格局就越大。从三个人登山,在不同的位置看到的不同和理解的不同,以致头脑里面形成三个不同的格局,就能够很清楚地理解格局是什么,以及每个人如何放大自己的格局。

(四)黄裳的格局

黄裳是金庸笔下虚构的人物,在《射雕英雄传》中,周伯通给郭靖讲述过黄裳的故事。

北宋徽宗皇帝于政和年间,遍搜普天下道家之书雕版印行,一共有5481卷,称为《万寿道藏》。黄裳被委派刻书,他害怕这部大道藏刻错字,被皇帝发觉之后不免要治其死罪,就逐字逐句极为细心地校读。没想到几年之后,他居然精通天下道学,更因此而悟得武功中的高深道理。黄裳无师自通,修习内功外功,竟成为一位绝世高手。

当然,黄裳是虚构的人物,我想用他的故事来比喻一个人博览群书、融会贯通而形成的格局。

黄裳通过逐字逐句、极为细心地校读 5481 卷的《万寿道藏》,拓宽自己的视野,放大认知的范围。他理解的事物更加博大精深,对世界的认知随之变化,他的格局因此改变。

通过读书放大格局,理解更大范围的事物及关系,再以此去理解生命、社会、生活、人生、做事的方法和问题的解决,这样就能更好地处理各种事情。

三、本质

本质指事物本身所固有的、常在的、不变的、根本的属性,或指区别于其他事物的基本特质。

叶圣陶先生在《落花水面皆文章》中说:"写得好就因为说得好""说些什么,怎么个说法,都得凭各人的经验作底子""话好文字好：是他们的底子好""都是凭各人的世界观、人生观，以及语言习惯做底子"[①]。

叶圣陶简明扼要地说出了写作的本质：文章（文章是语言的记录）——语言（语言背后是思想）——思想（人生经验作底子）。

（一）问题的本质

读书常会遇到一个问题，同一件事，不同作者有不同的观点。如果这个事情你没有亲身经历或者你的经历不足以让你做出准确判断，这时你就会为难，该怎么办？

遇到这种情况，有一个方法来解决这个问题。如果同一个事情，不同书的作者有不同的观点，那你就要对这个问题进行追根究底，发现问题的本质。当你理解了问题的本质，就很容易判断哪一本书的作者的观点是可信的。

如果你读书只是不停地读，接受不同作者的不同观点，没有做问题本质的探寻，那你可能是混乱的，而不是清楚的。要理解一个问题的不同观点，明白哪些观点是可信的，

[①] 叶圣陶：《落花水面皆文章》，开明出版社2017年版．

简单有效的方法就是彻底搞清楚这个问题的本质是什么。只有搞清楚问题的本质,并且以问题的本质作为思考的出发点和落脚点,才不会犯错。

达利欧演讲中有一段话:我一直都很幸运,因为我有机会体验身无分文,也知道富有是什么感觉。现在很多人都花很大精力赚钱,我如果没体验过贫穷与富有两种状态,就不会明白金钱对于我来说是否真的重要。

这段话,达利欧讲到"经历":

1. 自己比大多数人幸运,为什么?因为自己有过经历;

2. 经历过"身无分文"和"富有",才能对比,才能有感觉;

3. 一个人如果没有体验过"贫穷与富有两种状态",就不明白金钱是否真的重要;

这段话告诉我们:

1. 要经历过两种状态才能对比,才能理解金钱是否重要;

2. 金钱是否重要,要经历验证,才能理解;

3. 大多数人没有作者的经历,其实并没有理解金钱是否真的重要；

4. 体验过"贫穷与富有两种状态"的人是幸运的人；

5. 可以从这一段话，举一反三推理出若干道理方法，因为这段话就是世界观与方法论。

从这一段话可以提炼出结论：经历是决定性的。

有经历才有体验，经历不同状态才能对比，人与人的区别在于经历。

任何复杂的事情都可以通过分析得到最基本的本质，这个过程就是发现本质。

（二）第一性原理

古希腊哲学家亚里士多德提出：每个系统中存在一个最基本的命题，它不能被违背或删除。

可以将第一性原理理解为追根究底到事物的最本质。

抽象是从众多的事物中抽取出共同的、本质性的特征，形成概念、判断、推理等思维形式，以反映事物的本质和规律。读书也能抽象出隐藏的、稳定的、决定性的事物本质。

读书的过程中，需要重视探寻、发现同一件事情上各种观点背后的本质，要找到其本身所固有的、常在的、不变的、根本的属性。要把各种观点中本质的东西抽象出来形成概念，以反映事物的本质。

当把本质抽象出来，就能够清楚地认识到事物隐藏的规律以及其真相，能够理解事物中稳定的以及决定性的是什么。

如果不能从事物中抽象出来本质或者说不能够从书上各种观点中探寻发现本质，读书再多也没办法对事物做判断，也没办法把学习到的知识应用到现实生活中解决问题、拿到结果。

你和周围的人可能都有过这样的经历，学到的某一个知识，如果换一个场景就不知道如何应用。主要原因就是你没有追根究底到本质，没有把本质从事物中抽象出来，这就没办法真正理解掌握其中不变的、通用的部分，换一个场景你当然无法应用。

（三）本质是系统的理解的基础

读书最终要达到系统的理解，其过程就是不断探寻发现事物本质的过程。发现本质是系统的理解的基础，只有发现本质才具备系统的理解的条件，若干本质被发现理解，就会促使你某一时刻的系统的理解。

系统的理解是通透的自由。只有真正理解本质，获得系统的理解才能够拥有通透的自由。如果没有系统的理解，读再多的书都有可能是全盘照抄，生搬硬套。你可能只是把别人的观点进行转述，像鹦鹉学舌一样，并没有因为探寻发现本质，促使自我觉悟。那么，你对事物的理解并没有直达本质，并未达到通透的自由，你仍然是在迷茫困惑的束缚中挣扎。

读书是取百家之长为己所用，融会贯通后自成一家，只有真正的觉悟才能实现认知上的通透自由，你才能成为一个真正的生命，在这个世界上不断地理解，不断地表达，与世界融为一体，共生共荣。

禅宗讲渐悟与顿悟。读了一本书，明白了一点，然后继续读书，不断地一点一点地积累，到某一天就能恍然大悟。也有人读了一本书就恍然大悟。第一种人是渐悟，第二种人是顿悟。有的人也可能不读书，在生活中慢慢地觉悟，或者经过某一件事情，恍然大悟。

人与人不同，生理上、生长的环境、接受的教育和各自的经历共同塑造出一个人。有人需要不断地努力，读书学习做事，慢慢地前进，这是渐悟；也有少数人在读某一本书，做某一件事，或者回顾反思自己经历的时候，被某件事情突然点醒，这是顿悟。

不论是渐悟还是顿悟，都应该以平常心读书，反复思考，反复练习，反复应用，不断地去探寻发现本质。

佛是永恒的觉悟，人是瞬间的觉悟但又会陷入迷茫。

读书探寻发现事物本质，获得系统的理解。

这样你就能眼前一亮，灵感迸发，豁然开朗，恍然大悟。

四、规律

规律是自然界和社会诸现象之间本质、必然、稳定和反复出现的，事物之间的内在的必然联系，决定事物发展的必然趋向。规律是客观的，不以人的意志为转移，具有普遍性的形式。这个世界任何物质都受规律约束，彼此对立又互相联系统一[①]。

（一）社会规律／游戏规则

读书的目的之一是通过理解规律，知道如何更好地解决问题。一个人要生存和更好地生活，就要解决各种各样的问题。如果能够掌握规律，对事物就能有本质上的把握，

---

① 总政治部宣传组编：《马克思主义哲学方法论》，国防大学出版社1990年版。

就能有效提高解决问题的能力，能善用规律就有解决问题，获得美好生活的前提条件。

如果问一个人读书的目的是什么？或者说为什么要读书？有人会说读书为了消遣，有人会说读书为了快乐，有人会说读书为了让自己获得更多的财富，也有人会说读书要让自己变成一个有能力的优秀的人，可能还有人会说读书要改变自己的思维和行为。

当你希望自己成为有能力的、优秀的人，希望自己获得更多的财富，希望改变自己的思维和行为，你就要理解成为一个有能力的、优秀的人的规律是什么？一个人在这个社会获得财富的规律是什么？理解在社会中获得合法的、最大化的利益的规律，善用这些规律是实现自己目标的前提条件。

可能有人会说，我才不在乎什么规律，我有自己的想法，我愿意奋斗，愿意努力，而且我能够接受失败，愿意从失败中爬起来再一次去尝试，只要生命不息，我就奋斗不止！

这种人大有人在，但真相是，如果你没办法理解社会的规律，就好比你参加一个游戏却不知道这个游戏的规则，那你会因为屡次犯规,屡教不改被踢出游戏。这样,你就不可能在游戏中成为胜出者。

如果你没办法理解社会规律,你就可能会重复犯错,那迎接你的就不是成功,而是不断的失败。

(二)认识规律

1. 规律原本就有,不能创造

我们应该这样理解,规律是原本就有的,不是哪个人创造出来的。

就像牛顿发现万有引力,他坐在苹果树下,苹果掉下来的时候,他灵感一闪发现了万有引力。但在牛顿发现万有引力之前,这个世界原本就有万有引力。

人类的眼睛看不到紫外线和红外线,耳朵听不到超声波和次声波。但是紫外线和红外线,超声波和次声波是本来就存在的。在无线网络技术应用之前,古代人不知道无线网络,但是无线网络的技术规律原本就有,不是哪一个人把它创造出来的,我们只能发现原本就有的东西。

2. 规律是重复的,一定会来

理解规律,例如,在地球上,一年四季,春夏秋冬,太阳东升西落,这些规律是重复的,一定会来。

今天太阳落山，明天太阳会继续升起，如果明天阴天下雨，看不到太阳，但是太阳还是会照样在天空，这是由宇宙规律决定的。

要理解哪些事物是重复的，一定会来的，可以帮助我们理解发展变化的规律，以便提前做准备等待它的到来。理解规律就能够清楚地理解事物之间的联系，更好地安排我们做事。读书也有规律，一个人为什么不愿意读书，为什么读书慢，为什么读一本书连一个道理方法都记不住，为什么读了很多书却不会应用，为什么读了很多书自己的生活并没有改变，等等，所有问题都是有规律的，理解读书各种问题的规律，就能知道怎么去解决这些问题。

3．规律不能违背，只能遵循

接受规律，遵循规律，不能违背规律。

每一个人读书都要从自己的基础出发，不能空中楼阁。自己的基础不好，不要执意去读一些深奥的书，而不愿意去读一些浅显易懂的书。

读书的时候要掌握自己的读书节奏，由慢到快，逐步适应以后再提高阅读速度。

同样的道理，如果自己的基础不好，读一本书不用要求自己把这本书的内容全部理解,全部记住,全部应用。而是要本着务实的态度,在书里面选择摘录若干金句,在金句里面选择能够解决自己问题的一句,把这句话正确理解,牢牢记住,反复思考,反复练习,反复应用。

如此这般,按照规律读书,不急躁、不停步,长期坚持,就能逐步形成自己的知识系统。

(三)读书的基本规律

1. 读书向杰出人物学习

读书的第一条基本规律,是向杰出人物学习。通过阅读杰出人物的著作和传记,向他们学习常识和专业知识。首先是学习常识,这是非常重要的。这里说的常识,主要是指杰出人物的世界观与方法论。其次是学习专业知识技能。

2. 读书专注一点,反复思考

读书的第二条基本规律,是专注一点,反复思考。读书并拿到结果不可能是立竿见影的,要有一个潜移默化的过程,如果不能长期坚持,读书的效果就会大打折扣。

同时,读书不能只是看热闹,一定要正确理解作者本意,要联系到自己的环境和自身的问题,反复思考。

通过反复思考，解决自己的问题，改变自己的思维和行为，让自己的收入增加，让自己重要的人际关系越来越好，让自己的快乐越来越多。

3. 亲自去经历

读书的第三条基本规律，是要亲自去经历。如果只读书不去实践、去经历，很容易纸上谈兵。之前讲的赵括，如果他能够做到亲自去实践、去经历，反复练习，反复应用，他就不会有长平之战那样惨痛的失败。

我之前反复强调，读书不能知道就觉得自己能做到。有了经历，不仅可以验证道理方法的对错，而且可以获得更多的隐性知识。有亲身经历才能把学到的知识学以致用，不断实践，知识才能真正成为自己的。

4. 耐心地等待

读书的第四条基本规律，是耐心地等待。读书要学以致用，用了以后遇到问题要解决问题，要改正、改进，不能半途而废，要坚持到底，然后重新循环新的学以致用，一次做成，两次做成……不断地做成。让自己每一次做事都拿到结果，这些结果的叠加组合就是人生的成就。

在这个过程中,要坚持不懈,耐心等待。第一个意思是每一次都很努力去实践,但是并没有灵感,没有获得认知上的觉悟,就需要坚持不懈,需要耐心等待。第二个意思是在做事成功之前,会有一个寂寞的、煎熬的,甚至是绝望的过程,一定要耐心地等待成功到来。

遇到挫折困难的时候,要坚持不懈;面对成功之前的黑暗,要耐心等待。

五、理解

认知系统,包括现实世界,又区别于现实世界。如果从来不读书,可能会囿于现实世界,这样会存在认知局限,同时也不能过于强调读书,陷入只读书而忘记了现实世界的误区,这样也会导致认知空洞。

(一)理解难的主要原因

1. 字面上的理解

有人读书只是字面上的理解,字面上的理解要比根本没法理解好,因为至少在字面上有理解。这是读书理解的第一个阶段,读书如果连字面上的理解都无法做到,那就要重新学习中文。中文基础不行,就得给自己补课,提高阅读能力，达到阅读理解的第一步，至少要有字面上的理解。

2. 正确理解作者本意

理解作者的本意要求不能歪曲、误解作者的想法，要理解作者原本的观点。作者对某件事情是赞美还是批评？要搞清楚作者的观点是肯定还是否定？以及作者对某件事情的背景、因果关系、得失如何看待以及如何结论？理解作者的本意要比从字面上的理解难度更大。

中文是高语境文化，要正确理解作者的本意，需要大量的信息补充，在这个过程中受到的干扰比较多，因此需要反复思考，用心揣摩，需要师友的指导帮助，以及与师友一起从更多的视角讨论分析。

3. 深刻的理解

难以深刻理解作者本意，有一个重要的原因，它不是读者不够聪明，不是读者的知识不够丰富，也不是读者不够努力认真，而是读者的年龄太小，经历太少。

这种情况出现时，我建议看一些书评或者解读，向可信度高的师友请教，得到有经验的人的指点帮助。

因为年龄小和经历少的限制，读者没办法在短时间内突破，比较好的解决办法就是通过资料或者师友来解决自身的问题。

4．没有融会贯通

还有一种情况要注意，那就是读了很多书，但每一本书都是孤立的，没有与其他读过的书联系起来。

如果没有把不同作者的不同的书联系起来，读过的书就仿佛一颗颗珍珠，没有一根丝线把这些珍珠穿起来，那它们就只能散落在各处。

因此，要把读过的书找出若干主线，将关联的知识点串联起来，融会贯通。

融会贯通后的理解要比之前的理解更上一个层面。如果读书走马观花，可能还是在一座大山的山脚；如果读书理解了作者的观点，那已经到达山腰；如果能把不同作者的观点串联起来融会贯通，那就已经登上了这座大山的山顶。

5．没有内化升华

将别人的东西融会贯通，变成自己的东西，成为自己生命的一部分是内化。就像刚才说的，通过读书从山脚、到山腰、到山顶，把各种知识融会贯通，到达一个新的高度是升华。

我相信,如果你大量阅读,并能够结合社交和旅行,将学到的道理方法在生活中反复应用,解决问题,拿到结果,你的读书就实现了内化升华。

以我为例,在阅读大量的书并且反复练习、反复应用之后,我有一天突然觉悟,人类文明可以概括为四个字:理解表达。

总结出"理解表达",是大量阅读后和长期应用后的内化升华。

(二)对"寒冷"的理解

你是否还记得之前举过的一个例子,一个从小在海南岛长大的青年人学习"寒冷"这个词,如果他没有去过寒冷的地方,没有过亲身经历,他对"寒冷"这个词的理解就是字面上的。

他知道如何解释,也有"寒冷"的数据库(相关解释),知道关联的滴水成冰,漫天飞雪等。但因为经历的限制,没有亲身体验,他对"寒冷"的理解就不够完整。

当这个人在黑龙江的漠河生活过,有了零下四五十度的亲身经历；以及随着他年龄增加，经历生活中的挫折，体验过人情的冷暖和失败的惨痛，他对"寒冷"的理解就会完整。

如果某一本书的作者用"寒冷"含蓄地表达自己的某个观点，海南岛长大的人在早期就会由于年龄太小，经历太少，不能理解作者本意。

想想宋词，"少年不识愁滋味，为赋新词强说愁，而今识尽愁滋味，却道天凉好个秋"[1]。

孔子说："四十不惑，五十知天命"[2]，他可没说二十不惑。

（三）对世界的理解

对世界的理解，是对本质、规律、规则、秩序和原理方法等的理解。

我们可以把人类文明高度概括为四个字：理解表达。

每个人在这个世界上都有最重要的两件事：

第一件事，理解这个世界，包括理解自己，理解他人，理解时代环境；

---

[1] 辛弃疾：《辛弃疾诗词全集》，崇文书局 2016 年版。
[2] 孔子：《论语·为政》，杨伯峻译注，中华书局 2017 年版。

第二件事，表达这个世界，用语言表达，用文字表达，用身体表达，以及用特别的行为表达。

一个人对世界的理解表达决定他的生存与生活。如果他能够正确理解人的本质，社会的规律、规则、秩序、原理方法，那他就具备正确表达的前提条件。如果一个人没有能力理解人和社会，那他就没有办法正确表达，没有办法在这个世界活出精彩。

当你大量阅读，反复思考，反复练习，反复应用之后，你就能彻底改变自己之前对世界的理解。人类社会在不断发展，如果你不能准确地理解社会的变化，你就做不到在变化中发现机会。因为你无法理解，你当然就不知道什么是机会。

在过去，如果想要过上好的生活，你需要理解土地的价值，随着社会发展变化，只理解土地的价值就不够了，你还需要理解资本的价值，再随着社会发展变化，你还要理解知识的价值，在当今社会你要理解数据的价值。

价值在社会发展中不断发生变化，从最早的土地到资本再到知识再到现在的数据。如果一个人能够理解当下的价值所在，那他就有可能参与到财富创造之中，当然也能从中获得回报。相反，如果你无法理解当下的价值在数据，那你可能努力很多，但也并没有创造出价值，无法参与到财富的分配中。

人类创造出的文明包括语言符号以及各种规则。语言符号和各种规则犹如一堵看不见的高墙。如果你没有对应的理解能力，就看不见无形的高墙，也没有能力穿越无形的高墙。

无形的高墙把人类分为两个群体，一个群体在享受生活，另一个群体在努力生存。

读书让你理解社会的各种规则，那你就有可能穿越无形的高墙，从努力生存的群体进入到享受生活的群体。

六、表达

每个人的表达都是基于他对这个世界的理解，提高自己表达的能力至少包括两个方面：

第一是提高自己对这个世界的理解能力；

第二是提高自己四种类型的表达能力。

（一）表达的类型

一个人的表达至少包括四种类型，第一种类型是语言的表达，第二种类型是文字的表达，第三种类型是身体的表达，第四种类型是特别的行为表达。

也可以把表达概括为两种主要形式，第一种是语言文字的表达，第二种是行为结果的表达。

1. 语言表达

最常见的语言表达就是人与人之间的对话，语言表达也包括演讲、朗诵等。自言自语也是语言的表达，是给自己的语言表达。这里说的语言表达主要是你和别人的对话。

人们通过对话交换各自的想法，自己对某个人或某件事的理解就是通过语言表达。对话双方交换信息、交流情感、进行沟通交流的确认。

2. 文字表达

文字表达是语言表达的延伸，可以把文字表达理解为记录下来的语言表达。不论是文字表达还是语言表达，背后都是表达者的思想，因此，这两类表达中最重要的是表达者对世界的理解。这个世界包括社会、自然界、思维领域等。

3. 身体表达

我们常见的微笑，握手，拥抱，都是身体的表达。身体的直接反应或者动作，都是身体的表达，其背后是你的想法或是你的理解，身体表达就是用身体把你的理解表达出来。如果见到一个人，你认为他是你的朋友，那你会做出判断，身体会有相应的动作，你的脸上就会出现笑容，你也会和他握手表示你的热情友好。

4. 特别的行为表达

当你购买房屋办理产权证书，当你购买股票进行证券投资，当你参加了一次投票选举，这些都是特别的行为表达。它要比身体表达更加复杂，投资不动产、投资证券市场，都需要更高级的理解表达，对应的是特别的行为表达，这也是表达的四种类型中较为复杂的一种。

可以这样说，父母对子女的爱是表达，政治家重建秩序是表达，艺术家的作品是表达，等等，这一切都是人对世界的表达。

（二）向杰出人物学习表达

本杰明·富兰克林，北美洲大陆会议代表及《独立宣言》起草和签署人之一，美国制宪会议代表及《美利坚合众国宪法》签署人之一。在美国权威期刊《大西洋月刊》评选的影响美国的100位人物中，他位居第六。富兰克林当了近十年的印刷工人，但他的学习从未间断过，他从伙食费中省下钱来买书。利用工作之便，他结识了几家书店的学徒，于是他便将书店的书在晚间借来，通宵达旦地阅读，第二天清晨便归还。他阅读的范围很广，从自然科学、技术方面的通俗读物到著名科学家的论文以及名作家的作品。他广泛地接受了世界科学文化的先进成果，为自己的科学研究奠定了坚实的基础。他是美国历史上第一位享有国际声誉的科学家和发明家。

查理·芒格是沃伦·巴菲特的黄金搭档，伯克希尔公司的副主席。他和巴菲特联手创造了伯克希尔公司股票年均20.3%的复合收益率，这是一个伟大的投资神话。中信出版社出版了《穷查理宝典——查理·芒格智慧箴言录》，本书的作者是美国的彼得·考夫曼，译者是李继宏，其中文版序言"书中自有黄金屋"的作者李录说了这样一段话：查理是一个完全凭借智慧取得成功的人，这对于中国的读书人来讲无疑是一个令人振奋的例子。他的成功完全靠投资，而投资的成功又完全靠自我修养和学习，这与我们在当今社会上所看到的权钱交易、潜规则、商业欺诈、造假等毫无关系。作为一个正直善良的人,他用最干净的方法,充分运用自己的智慧,取得了这个商业社会中的巨大成功。在市场经济下的今天,满怀士大夫情怀的中国读书人是否也可以通过学习与自身修养的锻炼取得世俗社会的成功并实现自身的价值及帮助他人的理想呢?

查理·芒格说过:我这辈子遇到的来自各行各业的聪明人,没有一个不每天阅读的——没有,一个都没有;我一周读二十本书,我有许多书,什么类型的书都看。我读了许多传记,一些历史方面书籍,我几乎不读小说。他说:不仅要努力吸收心理学、工程学、数学、物理学等各类知识,还需将这些孤立的知识,放在广阔视角下,发现学科之间的交叉,多联想做结合。芒格说:人只有学会了学习的方法,才能进步;读书背后的学习方法最为关键。2019年5月,在巴菲特股东大会期间,芒格接受采访,公开了自己独特的学习方法。他说,我认为有两种有效的学习方法:第一种是你发现什么有效,然后复制它;第二种是你发现什么是无效的,然后规避它。

埃隆·马斯克,本科毕业于宾夕法尼亚大学,获经济学和物理学双学位。2012年5月31日,马斯克旗下公司的"龙"太空舱成功与国际空间站对接后返回地球,开启了太空运载的私人运营时代。2017年12月4日,马斯克位列《彭博商业周刊》2017年度全球50大最具影响力人物榜单第43位。2015年,清华大学经济管理学院院长钱颖一对话埃隆·马斯克。钱颖一院长提到火箭是如此高精端的技术,而马斯克几乎是自学成才,因此他请马斯克和大家分享学习的秘密。马斯克笑着说:"就是读很多书。"钱颖一院长感到不可思议:"光靠读书就能成为一个火箭科学家?"马斯克回答:"看书学东西要比听课快得多。"马斯克谈到,除了读书,还要用实验去验证书上的信息是否正确[①]。读书是他获取知识的重要来源。

(三)无表达,不读书

读书学以致用,你创造价值,为社会做出贡献,同时你将获得社会回馈。本杰明·富兰克林在科学、民主、教育上的贡献;查理·芒格在经济、慈善上的贡献;埃隆·马斯克在电子支付、电动车、太阳能电池、太空探索上的贡献;比尔·盖茨在计算机软件、慈善上的贡献;史蒂夫·乔

---

① 钱颖一:《钱颖一对话录:有关创意、创新、创业的全球对话》,商务印书馆2021年版。

布斯在智能手机上的贡献；他们都得到了社会大众的尊重，获得了大量的个人财富。

表达的方式有以下三种：

1．说出来

读书学到的知识要用，用就是表达。说出来，是最常见的表达类型。把自己通过读书掌握的知识说给周围人，把知识与自己的思考融合，用语言表达出来。如果读书没有表达，就不是完整的读书。

2．写出来

和说出来同样道理，把读书学到的知识写出来。不论在写邮件、发短信、写文件、写文章等，都应该把读书学到的知识尽可能多的应用，用文字写出来。

3．做出来

除了说出来和写出来，还要做出来。这里说的做出来，主要是做事。读书获得的灵感，掌握的原理方法，用在做事上拿到结果，这就像本杰明·富兰克林、查理·芒格、埃隆·马斯克一样，读书学以致用，做出来。

读书，读出事业精进，向杰出人物学习如何更好地表达，创造价值，为社会做贡献。

七、觉悟

你对世界理解多少,你才有可能给世界表达多少,你对世界的表达不会超出你对世界的理解。

(一)系统的理解

读书学以致用的过程,是不断地思考:是什么?为什么?怎么做?

读万卷书,行万里路,读书最终要融会贯通,要通达通透并与万物融为一体。电影《一代宗师》有一句话:见自己,见天地,见众生。

读书反复思考,反复练习,反复应用,最终把书上杰出人物讲的原理方法,融会贯通,内化升华,最终达到自我觉悟,读书的力量将会助力你到达人生的新境界。

毛泽东说调查研究过程是"去粗取精,去伪存真,由此及彼,由表及里",读书过程同样是"去粗取精,去伪存真,由此及彼,由表及里"。这个过程就是"悟",是我们说的"系统的理解"。

如果一个人阅读古今中外杰出人物的著作与传记,把他们的智慧和自己的思想融会贯通,从此不再受困于自我认知的局限，相反，他能做到与时俱进地理解表达，这个人就是"贯通人类文明"。

如果一个人通过读书向杰出人物学习，把他们的世界观与方法论用在自我进化中，通过不断训练让理性成为自己思维和行为的主导，把人类文明应用到工作、学习和生活中，这个人就达到了"进化自我本能"。

从动物本能主导的人，进化升级到符合人类文明的现代人并不容易。现实生活中，因为人类的动物本能进化和人类社会文明进化之间的差距巨大，不可能所有人都能够真正享受到人类文明，大多数人被一座无形的高墙阻隔在享受生活的群体之外，他们可能一生要在努力生存的群体中奋斗。

（二）"觉悟"的故事

1．李白"铁杵成针"

传说，李白小时候读书不刻苦，总是说："读书学习太难了，我不行啊！"有一天，在外出路上，他碰见一位老奶奶。她正在小溪边用石头磨一根铁棍子。李白问她："老奶奶，磨这个干什么？"老奶奶说："用这根铁杵磨成一根绣花针。"李白瞬间觉悟，自己学习不好，是因为功夫不够。

2. 王阳明"龙场悟道"

明武宗正德元年（1506年），王阳明因反对宦官刘瑾，被廷杖四十，谪贬至贵州龙场当驿丞（今贵州修文县）。他反复参悟，系统理解，最终融会贯通，通达通透以至"觉悟"。

3. 曾国藩爷爷的"觉悟"

曾国藩爷爷叫曾玉屏，有一天他在湘潭城里的酒楼纵酒高歌时，听一个老头远远指着自己教育孙子，说："荷叶塘白杨坪老曾家的儿子，家早晚都要败在他手里！"曾玉屏大受刺激，瞬间"觉悟"。他到市场上把自己的骏马卖了，走了几十里路回家。

4. 曾国藩"脱胎换骨"

曾国藩于1811年11月26日出生，咸丰七年（1857）、八年（1858），也就是曾国藩46岁、47岁的两年间，他通过读书结合自己亲身经历，深刻反思自己，恍然大悟，开始"脱胎换骨"。

（三）建构认知世界

觉悟有取舍，可以理解为扬弃。

扬弃是指事物发展中，继承、发扬旧事物中积极的、合理的，抛弃、否定旧事物中消极的、丧失必然性的，扬弃是继承发扬与抛弃否定的统一。

黑格尔认为，在事物的发展过程中，每一阶段对于前一阶段来说都是一种否定，但又不是单纯的否定或完全抛弃，而是否定中包含着肯定，从而使发展过程体现出对旧质既有抛弃又有保存的性质。

他在《精神现象学》中对于个体意识的阐述，从意识到自我意识直至绝对知识，其中各个环节的相继发展，都是否定中包含肯定，从而既有抛弃又有保存，这个过程就是扬弃的过程[①]。

建构主义将学习看成是依据经验来创造意义。有选择地读书，传承好的，抛弃并改正不好的。融会贯通后的知识不再分裂冲撞，而是与你贯通为一体，这样，你就能达到觉悟后彻底的通透。

（四）人生123

当有一天你对社会有系统的理解，你会认为社会并不复杂，人生其实很简单。

我们可以把人生概括为：一个限制，两个清单，三个

---

① [德] 黑格尔：《精神现象学》，贺麟、王玖兴译，上海人民出版社2013年版。

突破。我将其简称为"人生123"。

1. 一个限制

一个限制是说每个人的生命都有时间限制。在人类还不能长生不老的今天,每个人的生命都有时间的限制,所有人都是一样的。

一个人年龄太小、经历太少、读书不够,不会意识到这个事实,但当你觉悟,你会认为复杂的世界其实很简单,作为碳基的生命,这个世界的所有人,都有一个早已设定的时间限制。

把它概括为一个限制,是自我理解和表达的起点。作为一个生命,你所有的想象以及行为都在这个时间限制的约束之内,这是必须理解和承认的。

那么,每个人都必须理性地思考,在一个时间限制内,如何完成自己要完成的多个目标。

2. 两个清单

当你要在时间限制内完成多个目标,就可以把多个目标分为两个清单。

第一个清单是心愿清单,这一生你想要实现哪些心愿?把这些心愿一个一个写出来。

第二个清单是财务清单，要实现你的心愿清单，必须有对应的财务清单。

要实现你的心愿，要有时间，要有心愿的具体目标，要有财务支持。这三点是最基本的，前面说了一个限制，现在说的两个清单就不包括时间限制。两个清单有对应的时间限制或者说我们在这里隐藏一个时间清单。我们要理解自己需要一个心愿清单，把要实现的心愿或者说目标——明确，同时我们还需要一个财务清单，要知道实现这些心愿需要多少财务支持。

3．三个突破

三个突破包括第一个突破，认知上的突破；第二个突破，能力上的突破；第三个突破，资源上的突破。

第一个是认知上的突破，是说如果不能理解这个世界，实现两个清单的难度就非常大。认知能力没有达到一定的高度，就无法明确高质量的心愿，可能你的心愿和别人的心愿没法比，别人的心愿质量要比你的心愿质量高，或者说你的心愿不如别人的心愿精彩。人与人当然是不同的，尊重每个人的心愿清单，如果你想要一个好的心愿清单，那一部分要符合你自己的想法或者说符合你自己的个性，还要有一部分是基于人类共识的考虑。你作为人类中的一员，你也应该去实现哪些心愿？

第二个是能力上的突破，主要是指一个人必备的各种技能。你可以不会开飞机，但是你应该掌握与人打交道的技能。比如，每个人都必备阅读写作能力。如果一个人听说读写的能力太差，他在社会上一定是平庸之辈，即使他能想象出来好的心愿清单，他也缺少对应的、去实现的能力。

第三个是资源上的突破，至少包括三个方面，一个是现金，一个是人脉，还有一个是精神资源。其一，现金作为基本的重要的资源，和两个清单里讲的第二个财务清单是对应的。其二，人脉资源，一个人要想活出精彩，好的人际关系是必不可少的。其三，精神资源，你的志向，你的勇气，你的毅力，这些虽然看不见，但却时时刻刻发挥着重要作用。精神资源决定你的人生高度。人生活出精彩是自我认可的精彩，并非别人给你的评价。当你回顾一生，能够做出一个"人生精彩"的自我评价，那就说明你的人生已足够精彩。

附1：七个易学好用的读书方法

一、先看书评后看书

和看电影一样，先看影评再看电影。读一本书之前，先找几个书评看，再读书。看书评能对书有一个大致了解，高水平的书评能提醒你提前注意到若干点。先看一些书评相当于提前有了一个框架，给你划出了一个范围，让你把阅读的注意力做出规划。需要注意的是，书评不能只看一个，要至少看三五个有代表性的（有质量，有具体的观点，不是随便写的书评）。综合看过的书评，先不做确定的判断，这是参考书评再读书。

二、从生活中举出一个例子

先通读一遍书，选一个道理方法，从你的生活中举出一个例子，试用书上的道理方法解释你选的这个生活中的例子。二者是否相符？例子能不能验证书上的道理方法，以及书中的道理对自己有何启发和指导。

三、联系自己经历的一件事写总结

同样是先通读一遍书，然后根据书上的一个道理方法，从自己的经历中找一件事情写总结。用书上的一个道理方法分析这件事情，做出总结并写出来。

四、给读的书写书评，或写推荐语

选一本书，读一遍后先思考，如果要写书评，或推荐语怎么写？提炼出这本书写了什么，亮点是什么，解决的问题是什么，为何值得推荐。把这些问题一一写出，反复思考并修改。

五、一个主题选两本书对比阅读

同一个主题，可以选不同作者的书各读一遍，然后在书中选若干点进行对比阅读。例如，朱元璋的传记，可以选吴晗的《朱元璋传》和张宏杰的《朱元璋传》对比着阅读。对比作者的观点有哪些相同，哪些不同？思考对比后自己的启发是什么。

六、翻译成外语，或改写成文言文，或编成顺口溜

从书上选一个观点（或道理方法）翻译成外语（任意一种都可以），目的是从不同文化背景思考，更加深刻地理解书上的这个观点。也可以把这个观点改写成文言文或编写成顺口溜。这都能加深对书上这个观点的理解与记忆，而且能形成有你自己风格的表达。

七、学以致改一句话

选一本书通读，从书上选你感兴趣的一句话或者能启发指导你解决问题的一句话，把摘录的所有一句话整理出来，只从中选出一句话。接着，查询名词术语，读书评，和良师益友讨论，正确理解作者本意；再反复思考、反复

练习,牢牢记住这一句话;之后反复应用这一句话,并根据应用的反馈不断改正改进。

学以致改一句话,就是理解、记住、用好一句话。

附 2：读书的七个秘密

一、看的视角与层次

看的视角是指同一本书，不同读者，观察解读的视角不同，得到的结论也不同。因此，可以从别人那里看到自己看不到的。

看的层次可以分为整体框架和具体细节，一本书的核心观点展开就是整体框架，例如，吴思的《潜规则》的核心是"合法伤害权"，他以此为中心展开分析。张宏杰的《简读中国史》贯通了 2000 多年中国史的大历史观，将其放在世界历史背景下讨论，这都是整体框架。《简读中国史》中对"儒表法里"的解释，让读者重新理解"儒表法里"，这是具体细节。

二、读出隐性知识是王道

隐性知识,或者称为默会知识是由波兰尼提出的,他认为每个人获得知识的过程充满了大量不可言说的、看不见的知识。

我经常用骑自行车和游泳打比方,你可以说出来或者写出来如何骑自行车,如何游泳,但你明白,其中一部分是说不出来、写不出来的,这些就是隐性知识。读书,要掌握读出隐性知识的能力。

三、精神世界连为一体

读书可以锻炼抽象思维,丰富精神世界,发展一个人的想象力。科幻小说能发展想象力,历史、传记、管理等书也可以发展想象力。如果从不读书,面对的只是现实生活的世界,这会影响一个人的发展。

人生活在物理世界,有时空限制。读书能穿越时空,与杰出人物对话,与他们的精神世界连为一体,这是从不读书的人无法理解的。

读书可以贯通人类文明。

四、人生攻略教你具体行动

有了人生攻略，好比有了人生的全景地图，有了指南针。一个人具备一定的见识，才能确立奋斗目标。有了奋斗目标，才能分段治事，不疾而速。此关系是递进的。见识制约目标。

读书长见识，帮助你找对目标。

分段治事是把大目标分解成若干小目标，逐一实现。

不疾而速是提前开始，做到充分准备，同时稳健前行不出错，待时机一到就登顶。

五、进化的秘密是经历的刺激

维纳的《控制论》提到，"反馈"具有用过去行为来调节未来行为的功能，人的适应性就是，通过获取信息、利用信息并对外界环境中的偶然性进行调节而有效生活的过程，进化基于信息和反馈相结合。经历获得反馈，它不仅能验证行动前的假设，同时能有行动后新的信息。

读书是经历。

读很多杰出人物的著作传记，就是经历的刺激。

六、反过来想才能看清楚真相

反过来想,是查理·芒格反复强调的。

我用司马光砸缸的例子说过,大多数人救落水者的想法是"人离开水",司马光的想法是"水离开人"。曾国藩创建湘军之前,就反过来想"绿营军队为何没有战斗力?"

反过来想能看到隐藏的,能避免走入死胡同,能开创新天地。

七、理解古今中外成功的关键点

我总结出七个关键点:1. 人类共同的痛点;2. 第一性原理;3. 将已有技术重新整合;4. 将伟大的事业故事化;5. 故事是灵魂,能连接所有资源;6. 最强资本与最强大脑;7. 战略,策略与执行力。

这七点之间有逻辑关系。

后　记

　　这本小书是我自己读书、用书的经验，是我 2018 年以来举办读书活动总结的结合。特别是 2020 年，我主讲的《读书七讲》，三期共有 1100 多人参加，这让我对读书有更多的观察思考。

　　本书是在《读书七讲》的框架上完成，第一稿完成于 2021 年 1 月，在哈尔滨一个漫天飞雪的夜晚。第二稿在 2022 年春节期间完成。

　　我喜欢金庸先生的武侠小说，风清扬传授令狐冲的"独孤九式"让我印象深刻。我也喜欢叶圣陶先生的著作，简洁而高明。

　　因为我自身的局限，这包括但并不限于生活环境、教育背景、工作经历、人际交往、阅读以及写作构思表达的局限，本书的错误之处，恳请读者朋友批评指正，不吝赐教！欢迎发邮件和我讨论，我的电子邮箱：ghp@pku.org.cn。

本书引用的著作、文章观点以及名言，有的注明出处，有的未能查找，感谢全部作者！

承蒙新教育发起人朱永新先生作序推荐，非常感谢！

同时，感谢团结出版社发行部主任刘晶，责任编辑尹欣，文字编辑王宇婷，美术编辑阳洪燕！

在此，一并致谢！